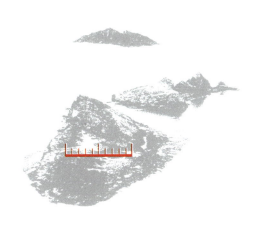

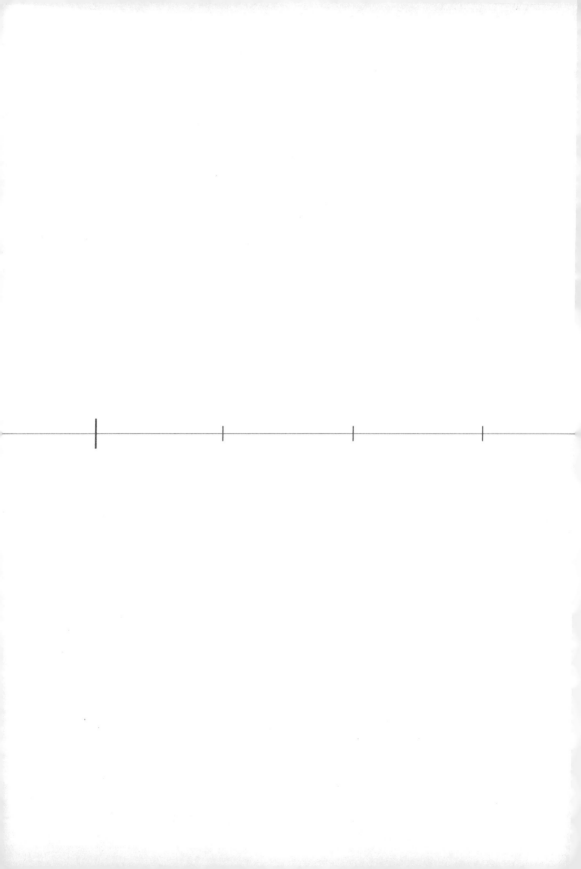

中国社会科学院创新工程学术出版资助项目

近代日本对
钓鱼岛的 *非法调查及窃取*

JAPAN'S ILLEGAL INVESTIGATION AND
THEFT OF DIAOYU ISLANDS IN MODERN TIMES

李 理／译著

社会科学文献出版社
SOCIAL SCIENCES ACADEMIC PRESS (CHINA)

目　录

序

    1885—1895年是日本密谋"窃取"我钓鱼岛的重要时期，厘清此一时期日本与钓鱼岛的关系，以及日本图谋窃取的历史过程，对于进一步正本清源，还原钓鱼岛归属的历史真相，揭示钓鱼岛主权的历史事实，有着十分重要的意义。除大量中国历史文献之外，日本文献是研究钓鱼岛历史不可忽视的重要史料佐证。

    以往的研究中，一般都利用"日本外交文书"所收录的资料，来考察日本窃取中国钓鱼岛的史实。但"日本外交文书"所收录的相关资料，实际上是经过加工整理的第二手资料，尽管也能够反映出一部分历史事实，但存在着意修正、隐匿之可能，对事实的判断以及研究的结论自然也会产生直接影响。

    关于1885年至1895年之间日本图谋窃取中国钓鱼岛的原始文献史料，主要收录于日本国立公文书馆的《冲绳县与清国福州之间散在之无人岛国标建设之件》（沖縄県卜清国福州卜ノ間ニ散在スル無人島ヘ国標建設ノ件，档案号：A03022910000）及外务省外交史料馆所藏的《冲绳县久米赤岛、久场岛、鱼钓岛国标建设之件（1885年10月）》（沖縄県久米赤島、久場島、魚釣島ヘ国標建設ノ件 明治十八年十月，档案号：B03041152300）中。这些文献大多数并未为中国学术界充分利用，其原因在于这些文件都是用毛笔草书书写，并采用了日本侯文体（即古日语），翻译难度很大。李理先生在本书中不仅完整披露了上述全部文件，而且均保留了原档，配以"原件"照录、原件读法、日文翻译、中文翻译，同时，对一些内容还进行了考辨，在最大程度地保持文献原始性的基础上，充分考虑到文献的利用性，对于即使不懂日语、古日语的读者而

言，也可以完整阅读和利用这些文献。

本书所收录的文献应该说具有很高学术价值，其突出意义在于：

第一，两馆所收藏之原始档案，除《日本外交文书》所收录的内容外，其中有关"踏查"、"回航报告"及"矿产资源"等方面的资料，"外交文书"中均无收录，因此从资料收集的角度而言，本书应该说所收录的资料最为全面，也最能反映历史的真实。

第二，通过这部分原始档案文献的翻译整理，可以清晰地了解日本窥视、图谋窃取中国钓鱼岛的整个历史过程。在前后近十年的时间内，曾三次提出建立"国标"事宜，始终未敢决定，直至甲午战争前夕，趁日本获胜在望之机，既没有周知清政府，更没有向全世界通告，秘密将钓鱼岛窃为己有。

第三，通过这部分原始档案的翻译整理，可以清楚地看到日本觊觎我钓鱼岛，最初源起于明治政府的内务卿山县有朋，但"国标案"的提出者，却是冲绳县令。而这种本为"由上而下"演变成"由下而上"的形式，是日本近代对外扩张中贯用的伎俩。

第四，通过这部分原始档案的翻译整理，可以明显看出，山县有朋为混淆视听，有意在文件中将钓鱼岛及其附属岛屿中最为重要的"钓鱼岛"篡改为"久米赤岛"，采取了蒙蔽内外、偷梁换柱的卑劣手段。

第五，通过这部分原始档案的翻译整理，可以知晓起初冲绳县令西村舍三并不积极，但当发现钓鱼岛有铁矿资源，为"贵重之岛"后，马上变得格外积极，这充分证明，日本当时是为了攫取资源才极力希望把钓鱼岛窃为己有的。

第六，通过这部分原始档案的翻译整理，可以厘清钓鱼岛与琉球的关系。1879年日本单方面吞并琉球。而这些文献显示，日本第一次窥视钓鱼岛是1885年，第二次提出建立"国标案"是在1890年，故可反证在历史上钓鱼岛不属于"琉球"。

第七，通过这部分原始档案的翻译整理，可以确凿证明钓鱼岛在历史上是中国的。由于日本政府知晓钓鱼岛为"清国属地"，所以摄于清政府的压力，在1885年及1990年建立"国标"问题上，日本未予决议，但日本政府以所谓"无人岛"取代"无主地"概念，持续寻求将钓鱼岛编入版图的机会。

第八，通过这部分原始档案的翻译整理，可以佐证所谓1896年的第十三号

敕令，完全是刻意捏造出来的，其本质就是为了掩盖其窃取之事实。

实际上，透过本书所收录的文献，还有很多其他历史信息，值得我们认真研读，相信每位读者都会从中得到新的认识，都会有自己客观的解读。

李理先生长期从事日台关系、中日关系及琉球历史等领域的学术研究，近年来潜心于钓鱼岛历史问题的研究，取得了很好的成绩。在多年学术研究过程中，李理先生秉持中国史学研究的优良传统，不仅实事求是、秉笔直书，而且持之以恒、孜孜以求，不囿于前人之说，更不人云亦云，务求言之有物、立论有据，显示出良好的科学精神和专业素养。同时，她精于对史料的爬梳和研读，更达到几近痴迷的境地，甚是令人钦佩。为了彻底廓清日本"窃取"我钓鱼岛的历史经纬，李理先生遍查各类日文档案文献资料，其中之艰辛可想而知。经过深入挖掘、悉心考论，终于整理完成了这部档案资料的考纂，并呈现给关心于斯的各位同仁。在此，我除了要表达自己由衷的祝贺，还要感谢李理先生的无私奉献。

我坚信本书对于深化钓鱼岛历史研究，对于厘清钓鱼岛历史的若干事实有不可或缺的价值。期待学术界有更多优秀成果，在维护我海洋权益中发挥出更大作用。

李国强谨识

2012年11月

近代日本对钓鱼岛的
非法调查及窃取[*]

李　理

　　钓鱼岛及其附属岛屿，由钓鱼岛、黄尾屿、赤尾屿、南小岛、北小岛和南屿、北屿、飞屿等七十多个无人岛礁组成，分散于北纬25°40′~26°00′、东经123°20′~124°40′之间，总面积约5.69平方公里。这些岛屿在地质构造上，与花瓶屿、棉花屿及彭佳屿一样，是台湾岛北部近海的观音山、大屯山等海岸山脉延伸入海后的突起部分，在历史上作为中琉航海指针被中国古籍所记载，本为中国台湾岛的附属岛屿，与古"琉球"没有任何的关系。资料已经确凿证明，日本在明治维新后，曾多次想建立国标占有该群岛，但迫于清政府的压力而没能实施。1895年日本利用甲午战争的胜利，偷偷将该群岛纳入其领土范围。而所谓的1895年1月14日内阁决议及1896年4月1日的敕令"13"号，都没有明确提及钓鱼岛。直到1902年，日本才以天皇敕令的形式窃取了钓鱼岛。史实有力地证明了，在1945年"二战"结束以前，钓鱼岛与"古琉球"没有所谓的"所属"关系。钓鱼岛不论从地理地质构造，还是从历史文献及国际法的角度来评判，都是中国领土不可分割的一部分。正如日本著名历史学家井上清指出的那样：钓鱼岛等岛屿原本并非无主之地，而是明确属于中国的领土，甲午战争以后，日本明治政府乘胜利之机，瞒着中国及各国窃取的。[①]这个窃取的过程究竟何如，以往历史学界已经有大量文章论

---

　*　此文为中国社会科学院2010年院重点课题"琉球处分与出兵台湾"（课题编号：YZKB2001—9）的阶段性研究成果。

　①　井上清：《关于钓鱼列岛的历史和归属问题》，香港四海出版社，1972，第28页。

及，但遗憾的是诸如日方踏查、回航及矿产资源等资料并没有利用到，笔者利用收集到的大量原始档案，将这一历史过程整理再现，再次证明日本窃取钓鱼岛的史实。

一 钓鱼岛及其附属岛屿不属于"琉球"的证据

论及钓鱼岛被窃取过程之前，必须明确至关重要的历史事实，即钓鱼岛在历史上是否属于"古琉球国"。1970年前后，随着钓鱼岛海底大量石油资源的发现，钓鱼岛开始从一个默默无闻的荒凉群岛，成为日本关注的对象。日本政府随即主张钓鱼岛为琉球的一部分，并与美国进行秘密交涉，要求美国将其作为琉球的一部分"返还"给日本，并以允许美军在突发事件时，携带核武器进入冲绳为条件，最终达成秘密约定。[①]而1971年签订的"日美冲绳返还协定"，钓鱼岛便作为"琉球"的一部分，"返还"给了日本政府，日本据此拥有了领有钓鱼岛的"国际法依据"。但钓鱼岛在历史上真的是琉球的领土吗？

日本方面记载钓鱼岛与琉球关系的资料，起始于1873年。此份资料收录于《钓鱼台群岛（尖阁群岛）问题研究资料汇编》中的《向琉球藩辖内久米岛等五岛颁发国旗及律令的文书》。

该份资料为日本明治政府在1872年10月单方面设立琉球藩后，于次年（1873年）3月6日，派外务省六等出仕伊地知贞馨，向琉球政府辖内久米岛等五岛，颁发日本国旗及律令书，其内容如下：

> 琉球藩：无奈海中孤岛，境界尚有不明之处，难以预料外国卒取之虞。此次，授与你藩大国旗七面，自日出至日落，高悬于久米、宫古、石垣、入表、与那国五岛官署。此次交付与你为新制国

---

① 《1972 年の沖縄返還時の有事の際の核持込みに関する「密約」問題関連》、《1972 年の沖縄返還時の原状回復補償費の肩代わりに関する「密約」問題関連》，日本外务省网（http://www.mofa.go.jp/mofaj/gaiko/mitsuyaku/kanren_bunsho.html）。

旗，日后破损以藩费修缮。①

而琉球藩于同年（1873年）4月14日，向伊地知贞馨汇报："悬挂于本职管辖内久米岛及另外四岛之国旗大旗一面、中旗六面，连同文书已顺利交付完毕。"②

从资料的内容分析来看，明治新政府要求琉球将日本国旗所悬挂之五岛，为"久米、宫古、石垣、入表、与那国"，而这五岛本为琉球之附属，其中的所谓的"久米岛"与"粟国岛、庆良间岛、渡名喜岛"构成一个岛群，本为琉球三十六岛之一部分。

"久米岛"与钓鱼岛的"久米赤岛"（赤尾屿）根本是两个不同的岛屿。"久米赤岛"（赤尾屿）与"久米岛"的距离，相差达七十多里，故将此份资料，作为琉球拥有钓鱼岛的最初证据，完全是偷梁换柱，通过混淆视听来达到指鹿为马之目的。

另外可以证明钓鱼岛，历史上不属于"琉球"的证据，还有《那霸市史》资料篇第二卷收录的《古贺先生对琉球群岛的功绩》中透露的史实。日本在1879年单方面实施"琉球处分"吞并琉球后，居住在那霸的福冈县人古贺辰四郎，从1884年开始不断派人到钓鱼岛采集"信天翁"羽毛及周围的海产物。后来，他为了在岛上设置半永久性的作业场所，向冲绳县厅提出申请，而未获得准许，他又直接向中央政府申诉，也未获得成功：

> 明治二十七年（1894年），（古贺辰四郎）向本县（冲绳县）知事申请开发该岛（钓鱼岛），但因为当时该岛是否为日本帝国所属，尚不明确而未准。于是他向内务和农商两大臣提出申请书的同时，本人又到东京亲自陈述了该岛实况恳愿批准开发，仍然未准。时至二十七、二十八年战役（中日甲午战争）告终，台湾是入帝国版图，二十九年以敕令第十三号公布尖阁列岛为我所属，古贺立即向本县知事申请开发，于同年九月终被批准，由此此人对该岛多年

---

① 《钓鱼台群岛（尖阁群岛）问题研究资料汇编》，励志出版社、刀水书房，2001，第164页。
② 《钓鱼台群岛（尖阁群岛）问题研究资料汇编》，第165页。

宿望得以实现。①

这份资料的原始出处为1910年1月的《冲绳每日新闻》。日本近代著名历史学家井上清也曾在《关于钓鱼列岛的历史和归属问题》中，引述它来证明钓鱼岛在历史上本不属于琉球古国。另外，这份资料记载古贺辰四郎曾多次向明治政府要求开发钓鱼岛，但日本不认定其为自己所属，没有给予批复。这也间接地证明，在甲午战争胜利前，日本一直不敢确定钓鱼岛为自己所属。这也从另外的视角，有力地证明钓鱼岛是在日本据有台湾，裹挟窃入版图的历史事实。

另外，在《冲绳一百年》第一卷《近代冲绳的人们》中，对古贺辰四郎的申请开发钓鱼岛记载，与上述记载完全相同，其未准许的原因为："当时该岛是否为日本帝国所属尚不明确。"②

以上资料都证明，在1894年中日甲午战争处于胶着状态时，不论日本的中央政府，还是冲绳县厅，对钓鱼岛是否属于日本，尚不确定，故不敢准许古贺的数次申请。但日本在甲午战争中逐渐占有了优势，已经有把握将中国台湾岛及澎湖列岛纳入囊中之时，位于"琉球"与中国台湾岛之间的钓鱼岛，被窃入到日本领土的范围之内，古贺的目的最终得以实现。

而所谓钓鱼岛被纳入到日本版图的敕令第十三号（1896年官报3月7日），笔者找到其毛笔书写之原件。原文记载此敕令由内阁总理大臣伊藤博文及内务大臣春芳显正上报给天皇，"睦仁"天皇于3月5日批准。其内容具体如下：

第一条　除那霸、首里两区之区域外，冲绳县划为下列五郡。
岛尻郡　岛尻各村、久米岛、庆良间群岛、渡名喜岛，粟国岛、伊平屋群岛、鸟岛及大东岛
中头郡　中头各村
国头郡　国头各村及伊江岛

---

① 井上清：《关于钓鱼列岛的历史和归属问题》，香港四海出版社，1972，第27页。
② 井上清：《关于钓鱼列岛的历史和归属问题》，第27页。

宫古郡　宫古群岛

八重山郡　八重山群岛

第二条　各郡之境界或名称如遇有变更之必要时，由内务大臣
　　　　决定之。

附则

第三条　本令施行时期由内务大臣定之。①

从第十三号敕令内容来看，根本就不存在钓鱼岛或"尖阁列岛"的任何记载。但日本政府及一些学者，硬说那时的八重山群岛中就已经包括了"尖阁列岛"，这显然不符合历史事实。而"尖阁列岛"这个名称，也是在1900年（明治三十三年），冲绳县师范学校教员黑岩根，根据学校的命令进行探险调查后，在《地学杂志》上发表报告论文中，第一次以"尖阁列岛"称呼钓鱼台群岛，以后被日本政府采用至今。

钓鱼岛在历史上，不属于"琉球王国"，而是作为中国台湾岛及澎湖列岛的附属无人荒岛，属于历代中国王朝，并长期在中琉交流航线上，起着"指针航标"的作用。日本政府所主张的钓鱼岛，是"第十三号敕令"明定的主张，完全没有历史事实根据，诸多的史料都证明钓鱼岛在历史上，不属于"琉球王国"，而是被日本利用甲午战争的胜利窃取的。

二　日本现存窃取中国钓鱼岛的资料

日本窃取中国钓鱼岛的历史资料，除《日本外交文书》第18卷、第23卷收录其中一部分外，其手写体原稿主要收录于日本国立公文书馆及外务省外交史料馆。

日本国立公文书馆所藏的相关资料名称为：《冲绳县与清国福州之间散在之无人岛国标建设之件》（冲縄県卜清国福州卜ノ間二散在スル無人島ヘ国標

---

① 《御署名原本・明治二十九年・勅令第十三号・沖縄県郡編制二関スル県》，JCAHR：
A03020225300，日本国立公文书馆藏。

建设ノ件），其档案号为A03022910000。

此份证明日本对中国钓鱼岛怀有野心的资料，最早记录时间起始于1885年2月。事因日本欲在钓鱼岛建立国标。其内容分为"内务省内部通报"、"秘第一二八号"及"秘第二六〇号"三个部分。

"内务省内部通报"起稿于1885年12月8日，其主要内容是"命令冲绳县将国标建立于散落于冲绳与清国福州之间的无人岛事宜"之诸件，在内务省各主管官员间进行传阅的"内命"。传阅的文件内容，主要集中于"秘第一二八号"及"秘第二六〇号"中。

"秘第一二八号"资料部分，以时间顺序排列，包括以下文件：

第一份：1885年11月2日"出云丸号"船长林鹤松提交给冲绳县大书记官森长义的《鱼钓岛、久场岛、久米赤岛回航报告》。

第二份：1885年11月4日冲绳县五等文官石泽兵吾提交冲绳县令西村捨三及森长义给的《鱼钓岛及外二岛调查概略及附图》。

第三份：1885年11月24日冲绳县令西村捨三提交给外务卿井上馨及内务卿山县有朋的信。

第四份：1885年12月5日山县有朋提交给太政大臣三条实美的《无人岛建设国标之情况报告》。

第五份："出云丸号"船长林鹤松所书之《鱼钓岛、久场岛、久米赤岛回航报告》。

"秘第二六〇号"部分，以时间为顺序，包括以下文件：

第一份：1885年11月13日冲绳县三等教喻上林义忠写给石泽兵吾的关于矿石实验成绩的信件。

第二份：1885年11月20日由冲绳县五等文官石泽兵吾提交给西村捨三及森长义的《鱼钓岛矿石之情况》。

第三份：1885年11月21日冲绳县令西村捨三提交给内务卿山县有朋的《鱼钓岛矿石之情况的报告》。

第四份：1885年12月16日山县有朋提交给太政大臣三条实美《鱼钓岛矿石之情况的报告》。

第五份：矿石实验报告。

外务省外交史料馆所藏相关资料名称为：《冲绳县久米赤岛、久场岛、鱼钓岛国标建设之件（1885年10月）》（冲縄県久米赤島、久場島、魚釣島ヘ国標建設ノ件 明治十八年十月），档案号为B03041152300。

从此份资料的标题分析来看，日本显然已将钓鱼岛明纳到冲绳县之范围，而后缀之"明治十八年（1885）"的时间标识，似乎是表示早在1885年，日本已经成功将钓鱼岛纳入到日本领土范围。资料除包括上述"A03022910000"即1885年日本关于钓鱼岛的相关资料外，还收录有1890年日本欲在钓鱼岛建立国标及1895年日本偷窃钓鱼岛的资料。

其中收录1885年相关的资料，大部分与"A03022910000"的内容相同，但其标题之"用语及时间"却发生了重大变化，其具体文件如下：

第一件：1885年9月22日冲绳县令西村捨三提交给山县有朋的"久米赤岛外二岛调查情况之上报"。

第二件：1885年9月21日石泽兵吾提交给冲绳县令西村捨三的"久米赤岛久场岛鱼钓岛之三岛调查书"（附地图）。

第三件：1885年10月9日官房甲第三十八号内务卿山县有朋写给外务卿井上馨的"冲绳县久米赤岛、久场岛、鱼钓岛国际建设之件"。

第四件：内务卿写给太政官的"太政官上报案"。

第五件：1885年10月16日起草、21日发文的"外务卿井上馨给内务卿山县有朋关于久米赤岛外二岛建设国标之事的答复"（亲展第三十八号）。

第六件：1885年11月2日林鹤松所写"鱼钓、久场、久米赤岛回航报告"。

第七件："亲展第四十二号"。

第八件：1885年11月5日冲绳县令西村捨三写给山县有朋之"鱼钓岛外二岛实地调查情况之上报"及1885年12月5日"井上馨、山县有朋给西村捨三的回复"。

第九件：1885年11月24日冲绳县令西村捨三写给山县有朋之信件。

第十件：1885年11月30日（秘第二一八号之二）"山县有朋回复井上馨的回复"及"太政官的指令案"。

从上述资料内容基本都出自于前述"A03022910000"档案中，但在对岛屿的具体记述上，已经将前资料中关键词"钓鱼岛"修改为日本固有名称"久米赤岛"。笔者推断其最重要的原因是，"钓鱼岛"本为中国对该岛的固有称呼。

1890年前后的相关资料主要有以下三件：

第一件：1890年1月13日知事（冲绳）提交给内务大臣"甲第一号"《无人岛久场岛鱼钓岛之议》。

第二件：1890年2月26日知事（冲绳）写给内务省县治局长的信。

第三件：1890年3月2日内务省县治局长回复冲绳县知事的"县冲第六号"。

1895年前后的相关资料主要有以下九件：

第一件：1894年4月14日县治局长、冲绳县知事向内务省提交的《久场岛及鱼钓岛所辖标识建设之件》。

第二件：1894年5月12日冲绳县知事奈良原繁向内务省县治局长江木干之提交的"第百五十三号"《久场岛鱼钓岛港湾的形状及其他秘别第三四号》。

第三件：1894年12月15日冲绳县向内务省提交的《久场岛及鱼钓岛所辖标识建设之件》。

第四件：1894年12月27日内务大臣野村靖写给外务大臣陆奥宗光的

"秘第一三三号"及附件"阁议提出案"。

第五件："阁议提出案"。

第六件：1895年1月10日起草，11日发文的外务大臣陆奥宗光给内务大臣野村靖的《久场岛及鱼钓岛所辖标识建设之件》。

第七件：1895年1月21日内阁批"第一十六号"《标识建设相关申请通过》之件。

第八件：冲绳县提交给外务大臣、次官长及政务局长的"久场岛鱼钓岛本县所辖标识建设之件"。

第九件：冲绳知事奈良原繁提交给内务大臣井上馨及外务大臣陆奥宗光的"甲第百十一号"《久场岛鱼钓岛本县所辖标识建设之议的上报》。

公文书馆及外交史料馆收藏的上述资料，包含了"日本外交文书"中所收录的全部相关钓鱼岛的资料，其中还有很多是"外交文书"中所没有收录的。另外A03022910000及 B03041152300中，所记载钓鱼岛的史实也有所差别。A03022910000号档案中的资料群，只有1885年日本欲在钓鱼岛建立国标的记录，而B03041152300档案中的资料群，即包括1885年、1890年两次日本欲窃占钓鱼岛的资料，也将1895年日本趁甲午战争胜利窃占钓鱼岛的资料包括其中。特别是B03041152300档案中相关1895年的资料，关于"钓鱼岛"名称的变更，非常耐人寻味。

三 1885年日本欲窃取钓鱼岛的史实

（一）"国标案"的提出者为谁？

明治维新后的日本，在实施"琉球处分"的同时，确定了小笠原岛、硫黄岛、钓鱼岛、南鸟岛、冲大岛及中鸟岛等一系列岛屿目标。1876年日本占有小笠原岛，1879年事实上又吞并了琉球三十六岛。琉球的吞并及海军的壮大，标志着近代日本主导东亚格局的开始。日本利用1882年朝鲜的"壬午政变"，将势力延伸到朝鲜半岛，扩张的目标也转向中国大陆的盖平（辽宁省

盖县）以南的辽东，以及山东的登州、舟山群岛、澎湖列岛、台湾岛及长江两岸十里以内的地区。①故与琉球地缘上相连，又靠近台湾岛及澎湖列岛的无人岛——钓鱼岛，也自然成为日本扩张领土的新目标。

现存史料中，最早记载钓鱼岛的资料，为1885年9月22日冲绳县令西村捨三提交给内务卿山县有朋的《关于久米赤岛及外两岛调查情况之上报》（第三百十五号）。这份资料被收集在《冲绳县久米赤岛、久场岛、鱼钓岛国标建设之件（1885年10月）》（档案号：B03041152300）中。其内容完全与国立公文书馆所藏的《冲绳县与清国福州之间散在之无人岛国标建设之件》（档案号：A03022910000）中的《钓鱼岛及外二岛调查概略及附图》相同，但却将标题中的"钓鱼岛"改为"久米赤岛"，另外在时间上也有所提前，由11月变成了9月。此份文件没有官方的正式官印，故笔者怀疑可能为外务省在1895年前后的誊写之件。其内容具体如下：

> 关于调查散落在本县与清国福州间的无人岛一事，依日前在京的本县森大书记官下达的密令，进行调查，其概要如附件所示。久米屿、久场屿及钓鱼岛自古乃本县所称地名，又为接近本县所辖的久米、宫古、八重山等群岛之无人岛屿，说属冲绳县未必有碍，但如日前呈报的大东岛（位于本县与小笠原岛之间）地理位置不同，无疑与《中山传信录》记载之钓鱼台、黄尾屿、赤尾屿等属同一岛屿。清国册封旧中山王之使船，不仅详尽证实他们果然为同一岛屿，还分别付之名称，以作为琉球航海的目标。故此次担忧是否与大东岛一样实地勘察，立即建立国标？预定十月中旬前往上述两岛的出云号汽船返航并立即呈报实地调查后，再就建立国标等事宜仰恳指示。②

从这份报告书的内容分析来看，主要是冲绳县令西村捨三，向内务卿山

---

① 〔日〕藤春道生：《日清战争》，岩波书店，1974，第45页。
② 《沖縄県久米赤島、久場島、魚釣島へ国標建設ノ件 明治十八年十月》，JCAHR：B03041152300，外务省外交史料馆藏。

县有朋回复关于调查钓鱼岛，及在钓鱼岛建立国标的事宜，其中透露出的几点信息非常值得注意。

首先，报告书内容中的"在京的本县森大书记官下达的密令"之说辞，说明给冲绳县下达密令的直接传达人为"森长义"。但森长义作为冲绳县"大书记官"，本身并没有这样的权力。故笔者推断，密令的真正指令者，并不是某一个人，而是出自于明治新政府内部的某个部门。而西村捨三上报的单位为内务省，故这个"内命"可能出自于内务省。

其次，冲绳县令西村捨三在报告中认为，冲绳地方对钓鱼岛已有自己的命名，又因接近所辖之久米、宫古、八重山等岛屿，可认定属于无人岛屿，如果将之说成为冲绳县所辖也未尝不可。这说明当时冲绳县已经认为钓鱼岛为其所属之无人岛屿。

再次，西村捨三认为钓鱼岛与大东岛地理位置不同，且《中山传信录》早有记载，有中国自己的称谓，且为册封旧中山王之航海指针。这表明西村捨三确切知道这些岛屿分布于中日邻近地带，它可能也属于中国，至少是可能会同中国发生领土争议的地区，故对其进行实地勘察及建立国际，表示了担忧与疑虑。

最后，西村捨三提出希望将于十月派船赴钓鱼岛进行实地调查后，就是否建设国标事宜再请政府给予具体提示。这样西村捨三策略地将决定权推回给明治新政府，也表明在钓鱼岛建立国标之事，不是由冲绳县自下而上发起的。

西村捨三提交给山县有朋的此份"呈文"，还收录于《日本外交文书》第十八卷第573页之"版图关系杂件"中，其所标的日期为10月9日。[1]此文件是日本现存相关钓鱼岛资料中最早的一份正式记载，但它比中国记载钓鱼岛的文献，大概迟了近500年。另外此"呈文"揭示出近代日本惯用的一种手段，即本为政府的企图，却以地方向中央"请愿"为表象，诸如"琉球处分"中的"鹿儿岛县的请求"、出兵中国台湾中"大山纲良的请求"等。而战后冲绳"返还"中，相关钓鱼岛的事宜，也是以由冲绳县向日本中央政府

① 《日本外交文书》第十八卷，第573页。

"请愿"的方式出现，再由中央政府与美国进行秘密交涉，最终获得美国的支持。

（二）对钓鱼岛等岛屿的实地调查

日本政府于1885年命令冲绳县对钓鱼岛进行实地调查。冲绳县受命后，于1885年10月22日，雇用动船会社出云丸号汽船，派冲绳县五等文官石泽兵吾、十等文官久留彦、警部补神尾直敏、御用挂藤田千次、巡查伊东捉祐一及柳田弥一郎等，对钓鱼岛、黄尾屿及赤尾屿进行了实地调查。调查内容记载于冲绳县五等文官石泽兵吾所写的《钓鱼岛及外二岛巡视调查概略》中。"调查概略"主要报告了此三岛的情况，并附有从距离钓鱼岛西南岸15海里远望钓鱼岛、黄尾屿（日称久场岛）的侧面图。

根据"调查概略"记载，出云丸号于10月29日下午四时，从宫古石垣岛起锚出发，30日早上四时许，接近钓鱼岛，八时左右从西海岸上陆，开始进行实地调查。调查结果认定此岛方圆超过三里，由巨大的岩石构成，上在布满了"コバ"、可旦、榕、藤等树种，与大东岛相同，整个岛被与冲绳本岛相同的杂草覆盖，溪洞清水流淌，水量充沛，没有平原，缺乏可耕地，海滨水产资源丰富，由于受地势的影响，农渔两业难以发展。调查还详细地对钓鱼岛上的地质构造进行了观察，根据其土石的情况，推断可能含有煤或铁矿，并认为如果真是这样，这个岛就可以说是一个"贵重"的岛屿。①

概略还记载由于钓鱼岛散落在日本与中国间的海上航路上，故发现很多诸如废船等漂流物。岛上素无人迹，树林繁茂，诸如鸦、鹰、鸠等海禽类很多，最多的是信天翁。石泽兵吾用很大的篇幅来描写岛上信天翁的情况。②

石泽兵吾在"概略"中对信天翁的记载，有助于解释厘清1895年6月10日古贺辰四郎为捕捉海产物、采集和输出信天翁羽毛，提出申请租用"久场岛"这一历史事件的脉络及原因。笔者推断，这有两种可能性，第一种为明

---

① 《沖縄県ト清国福州トノ間ニ散在スル無人島へ国標建設ノ件》，JCAHR：A03022910000，日本国立公文书馆藏。

② 《沖縄県ト清国福州トノ間ニ散在スル無人島へ国標建設ノ件》，JCAHR：A03022910000。

治政府对钓鱼岛实地调查后，发现其岛上的信天翁资源可以利用，鼓励古贺辰四郎到岛上进行捕鸟作业，以便实现其先占为主的目的；另一种可能性就是古贺辰四郎自己发现钓鱼岛的天然资源，由于经济目的引诱，以个人身份到钓鱼岛进行经济作业。但不管怎样，古贺辰四郎以30年期限无偿租用钓鱼岛，是发生在日本政府窃取钓鱼岛后的事情。

另外，"调查概略"还记载，调查船下午两时离开钓鱼岛，驶向黄尾屿，此岛在钓鱼岛的东北16海里处。日落西山之时到达，调查人员本欲登岛，但由于海上突然强风大作，故只能在船上观察。通过调查人员的观点，此岛与钓鱼岛相类似，也是由巨岩大石构成，禽类与树木也基本相同。①

归途中路过赤尾屿，由于风高浪急夜暗漆黑无法进行观察，石泽兵吾虽也觉遗憾，但认为此岛只为一小礁，对其没有农渔业或殖民的想法。②

通过以上"调查概略"的内容，笔者推断日本之所以对钓鱼岛进行调查，主要出于几个目的，第一个是为建立国标了解地理地质资料；第二为探查钓鱼岛有无清政府统治迹象；第三为该岛有无经济价值及殖民价值；第四为窃取钓鱼岛作基础的认知工作。

（三）有关钓鱼岛的回航报告

另外一份相关钓鱼岛本岛实况记载的资料为《钓鱼、久场、久米赤岛回航报告书》。此报告为动船会社"出云丸"船长林鹤松所写，1885年11月2日，提交给冲绳县大书记官森长义。

报告从另一个侧面，对钓鱼岛等三岛进行了描述。报告记载出云丸号初次航行到钓鱼岛西岸，并在其沿岸三四个地点进行了探测，其海底极深，大约72米乃至90米，没有可以抛锚之地。

钓鱼岛及其附属岛屿主体是一岛六礁，其最大者为钓鱼岛，六礁在其西岸五六里外，由并列在水面下的礁脉相连而成，其中最大的被日方称为"尖塔礁"，形状绝奇，呈圆锥状突起在空中。"尖塔礁"与钓鱼岛之间的海

---

① 《沖縄県ト清国福州トノ間ニ散在スル無人島ヘ国標建設ノ件》，JCAHR：A03022910000。

② 《沖縄県ト清国福州トノ間ニ散在スル無人島ヘ国標建設ノ件》，JCAHR：A03022910000。

峡，深度约二十多米，可自由通航，但水流极速，帆船恐难通行。

钓鱼岛的西北岸，山崖屹立，其高度约1080尺，地势向东岸渐渐倾下，远望如水面上的直角三角形。岛上水资源丰富，其东岸河溪纵横，据《海路志》记载，可见溪中鱼儿。本岛距离那霸河口三重城西七度、南230海里。

黄尾屿屹立在钓鱼岛东北16海里处，沿岸皆有60尺高，其最高点为600尺，与钓鱼岛相同，没有地方可以停靠船舶。

上记两岛地质上由石灰岩构成，气候温暖，树木花草在石间繁茂生长，但没有可用之材，海鸟群集在各礁上，可谓海鸟的天堂。

出云丸从黄尾屿离开，驶向庆良间峡的中途，接近了赤尾屿，但由于夜半未得实地调查。根据《海路志》记载，本岛不过为一岩礁，其具体位置在东经124°34'，北纬25°55'，距离那霸三重城西6度、南170海里，四面嵩岸屹立，高度大约270尺，远望似日本的帆船。该岛屡屡被外船报错位置，盖因其在黑潮中孤立，想必各船也难以推测。

林鹤松的"回航报告书"，与石泽兵吾的"调查报告"角度不同，主要从岛的外部环境、海底礁岩及地形地貌进行了描述。

（四）资源类的实验确定

日本通过对钓鱼岛的实地调查，推断在岛上可能有煤炭或铁矿石资源。石泽兵吾于11月12日，将从钓鱼岛带回的岩石标本，交给其学弟冲绳县金石学者三等教谕小林义忠，令其对岩石进行含矿可能性检验分析。

11月13日，小林义忠给石泽兵吾回信，确定了钓鱼岛拥有铁矿资源："昨天交来的矿石，今天进行了实验，其酸化铁完全可以满足制铁，另纸附实验成绩报告。"[①]

石泽兵吾在收得矿石实验报告后，马上向冲绳县令西村捨三及大书记官森长义进行汇报："本月（11月）四日，上呈钓鱼岛及外二岛调查概略之时，曾言怀疑钓鱼岛石层中，可能含有煤矿或铁矿，并带回几块样本，附以简单说明，以供参考之用，另外，将其中一块，交由本县三等教谕小林义忠，进行化学实验。小林很快进行实验分析，另纸附了成绩报告书，断定该

① 《沖縄県卜清国福州卜ノ間二散在スル無人島へ国標建設ノ件》，JCAHR：A03022910000。

石中含有的酸化铁，完全可以满足制铁所用。该岛是否存在着大型矿层，待他日进行更细致的调查。"①

西村捨三于次日（11月21日），向内务卿山县有朋进行了报告："本月五日上报之钓鱼岛调查报告及附属复命书类中，曾提到岛上可能埋藏煤矿或铁矿之申述，其后命金石学者三等教谕小林义忠进行分析，如另纸所附，取得实验结果，证明足够满足制铁用之。"②

通过小林义忠的矿石实验报告，证明钓鱼岛上拥有铁矿石资源，钓鱼岛为"贵重之岛"的推想也被证实。

（五）"国标案"的搁浅

冲绳县在对钓鱼岛进行实际调查之时，明治新政府内部，就"窃占"问题进行了一系列的相互沟通。1885年10月9日，内务卿山县有朋以"官房甲第三十八号"，向外务卿井上馨进行通报："冲绳县与清国间散在之无人岛调查之提议，另附别纸由同县令上报给政府。"③

同时，山县有朋还向太政官三条实美进行报告："冲绳县与清国福州之间散在的无人岛，久米赤岛及外两岛的调查之提议，如别纸所附由同县令上报提出，上记群岛与中山传信录中所记载的岛屿实属相同，历来在航海上作为航路方向的针路，目前虽特别属于清国的证迹很少，且岛名我与彼所称各异，与冲绳县宫古八重山等地接近，属无人岛屿，指示同县进行实地非法调查的基础上，提出建立国标之提议，情况至急，请给予指示。"④

山县有朋向三条实美的报告中，将"鱼钓岛及外两岛"的名称，变成了"久米赤岛及外两岛"。这种名称的变化，笔者理解可能为山县有朋故意所为。"久米赤"从本质上讲，并不是真正的岛屿，而是礁岩。而"久米赤"

---

① 《沖縄県ト清国福州トノ間ニ散在スル無人島ヘ国標建設ノ件》，JCAHR：A03022910000。
② 《沖縄県ト清国福州トノ間ニ散在スル無人島ヘ国標建設ノ件》，JCAHR：A03022910000。
③ 《沖縄県ト清国福州トノ間ニ散在スル無人島ヘ国標建設ノ件》，JCAHR：A03022910000。
④ 《沖縄県ト清国福州トノ間ニ散在スル無人島ヘ国標建設ノ件》，JCAHR：A03022910000。

在钓鱼岛、黄尾屿及赤尾屿这三岛中，最小也不是最重要的。特别是冲绳县实地调查的对象，只有钓鱼岛一岛，但山县有朋却在上报中，将"鱼钓岛"修改为"久米赤岛"，笔者推断可能出自于两个原因。第一即是"钓鱼岛"本为中国对该岛的称呼，既然山县有朋言日本有其自己的名称，但"鱼钓岛"在日语中的意思就是"钓鱼岛"；第二可能有意让太政大臣三条实美将"久米赤"理解成"久米岛"，这样不明实情的三条实美，可能会给予支持。

另外此事件由内务省主导之证据，也从"指示同县令进行实地踏查"之语中泄露出来。这证明对钓鱼台群岛建立国标事宜，是由日本内务省发起的，而外务省在获得通报后，考虑到与清朝的关系，最终提出反对的意见，其证据在资料"亲展第三十八号"中。

"亲展第三十八号"起草于10月16日，发文于10月21日。井上馨在此件中，对山县有朋言："经冲绳县对散落冲绳与清国福州之间无人岛——久米赤岛及外两岛的实地调查，于本月9日以附甲第38号就建立国标进行商议。几经熟虑后，认为上记各岛屿靠近清国国境，非以前调查过的大东岛可比，其周围看似很小，清国竟附有岛名。近来清国报纸等盛载我政府欲占据台湾附近的清国属岛之传言，对我国怀有猜疑。于频频敦促清政府注意之际，我若于此时遽尔公然建立国标，反易招致清国之猜忌。当前仅须实地调查港湾形状及开发土地物产可能性作成详细报告。至于建立国标之事须俟他日时机。请诸位注意，已调查大东岛一事及此次调查之事，恐均不刊载官报及报纸为宜。上述答复顺申拙官意见。"①

从"亲展第三十八号"内容来看，明治政府内部对在钓鱼岛建立国标事宜，进行了具体的商议，但顾虑没有历史证据证明钓鱼岛为冲绳所属，如冒然建立国标事宜，恐与清国产生摩擦与矛盾，故希望等待时机予以处理。

"亲展第三十八号"也说明井上馨等人，并不反对在钓鱼岛建立国标，故指令冲绳县继续对该岛进行调查，以便等待好的时机。同时，为了不引起国际上的注意，连对大东岛的调查，也不许在报纸上公开发表，为了达到保密的效果，连外务省发出的文件，也明令收回，即是以"秘第二一八号之

---

① 《沖縄県久米赤島、久場島、魚釣島へ国標建設ノ件 明治十八年十月》，JCAHR：B03041152300；《日本外交文书》第十八卷，572 页。

二"追申："望处理后返还此件。"①

内务省在接到外务省井上馨暂时搁置建立国标事宜后，并没有马上通知冲绳县。冲绳县令西村捨三于11月5日将"钓鱼岛外二岛实地调查情况之上报"递交给山县有朋的同时，以"第三百八十四号"要求正式将钓鱼岛纳入到冲绳县："最初考虑与清国接近，怀疑其所属，不敢决断。这次复命及报告书中，记载其为贵重之岛屿，从地理上看，其在我县八重山群岛西北、与那国岛的东北，可决定为本县所辖。如果这样，即引自大东岛之例，在鱼钓岛、久场岛建立我县所辖之标识。"②

从"第三百八十四号"内容分析来看，西村捨三在实地考察钓鱼岛后，积极要求马上建立国标，缘于钓鱼岛为"贵重之岛"。11月21日，其将"钓鱼岛矿石实验报告"交给山县有朋。11月24日，西村捨三再次给外务卿井上馨及内务卿山县有朋同时发信，就钓鱼岛建立国标事宜，再次提出请求："提议在该岛建立国标一事，与清国不无关系，万一发生矛盾冲突，如何处理至关重要，请给予具体指示。"③

从11月24日西村捨三信的内容分析来看，尽管冲绳县认识到钓鱼岛为"贵重之岛"，希望划归其管辖，但恐怕与清政府产生冲突，故敦请日本中央政府给予具体指示。而日本政府内部，就此事件的具体讨论，没有详细的记载资料保留下来，但根据现存的1885年11月30日三条实美给内务卿山县有朋及外务卿井上馨的指令按"秘第二一八号之二"之内容分析来看，外务卿井上馨的意见占了上风。

"秘第二一八号之二"之内容为："由冲绳县令提出，别纸所附之无人岛国标建设之议案，为右下记的具体意见。该案之涉及指令之官方记载及捺

① 《沖縄県久米赤島、久場島、魚釣島ヘ国標建設ノ件 明治十八年十月》，JCAHR：B03041152300；《日本外交文書》第十八卷，572頁。
② 《沖縄県久米赤島、久場島、魚釣島ヘ国標建設ノ件 明治十八年十月》，JCAHR：B03041152300。
③ 《沖縄県ト清国福州トノ間ニ散在スル無人島ヘ国標建設ノ件》，JCAHR：A03022910000。

印之书类，望处理后返还。"①指令书的内容为："目前应缓建散落冲绳县与清国之间无人岛的国标。"②

指令书是太政大臣三条实美，批复给山县有朋及井上馨的。故可分析出，就建设国标案，在日本政府内部，其意见不完全统一。外务卿井上馨从外交的角度出发，不愿意在此时期与清政府产生矛盾，故虽支持对钓鱼岛进行调查，但不主张马上建立国标。从三条实美的批复指令来看，日本政府也是知道这些岛屿位于清朝边境处，且已有中国之名称，恐与清政府产生矛盾与冲突，不敢轻举妄动，权衡轻重利弊，最后采取井上馨的建议，暂时搁置国标建立之事宜，退而等待窃取之机会。

四　日本"窃占"钓鱼岛

1890年1月13日，日本冲绳县知事再次向内务大臣呈文，要求将钓鱼岛纳入冲绳："关于邻近本官管辖下八重山群岛内石垣岛的无人岛——钓鱼岛及外两岛，明治十八年（1885）十二月五日，已于同年十一月五日第384号请示进行作业。上述岛屿为无人岛，迄今尚未确定其所辖。近年因管理水产业之需要，故八重山岛官署报请确定其所属。借此机会，请求将其划归本官辖下之八重山岛官署所辖。"③

日本政府内部对此怎样讨论，没有资料记载。但同年的一月七日，内务省以县治局长公函，对冲绳县的请求给予驳回："本年一月十三日甲第一号的无人岛贵县所辖之提议，如明治十八年十一月五日贵县之第三百八十四号之请求，已有十二月五日指令案的答复，请在调查的基础上参照，特此照

① 《冲縄県久米赤島、久場島、魚釣島ヘ国標建設ノ件 明治十八年十月》，JCAHR：B03041152300；《日本外交文书》第十八卷，572 页。

② 《冲縄県久米赤島、久場島、魚釣島ヘ国標建設ノ件 明治十八年十月》，JCAHR：B03041152300；《日本外交文书》第十八卷，572 页。

③ 《冲縄県久米赤島、久場島、魚釣島ヘ国標建設ノ件 明治十八年十月》，JCAHR：B03041152300。

会。"（县冲第六号）^①

从明治政府的答复来看，可推断政府内部在讨论后，认为时机还不成熟，故没有批准冲绳县的请求。

1893年11月2日，冲绳县知事奈良原繁再次向内务大臣井上馨及外务大臣陆奥宗光提出《久场岛钓鱼岛本县所辖标权建设之请求》（甲第百十一号），提出："位于本县下八重山群岛西北的无人岛——久场岛钓鱼岛本县所辖之提议，可援引大东岛之例，建设本县所辖之标权。明治十八年十一月五日第三百八十四号上报，同年十二月五日批复'目前应缓建'。近年来尝试在该岛进行渔业等，由于管理上的需要，从1885年开始，就不断提出请求。该岛作为本县所辖，建立标权至急，仰望给予具体指示。"^②

此时期，日本已经开始大陆作战的准备，故对冲绳县提出的请求，给予了积极的回应。1894年4月14日内务省以"秘别第三四号"，由县治局长将冲绳县的请求，报告给内务大臣、次官及参事官，同时指令冲绳县就以下内容进行调查："该岛港湾之形状；未来有无物产及土地开拓的可能；旧记口碑等有无记载我国所属之证据及其与宫古、八重山岛之历史关系。"^③

冲绳县在接到"秘别第三四号"后，奈良原繁于5月12日，以"复第百五十三号"回复内务省县治局长江木干之："久场岛钓鱼岛港湾形状及其他之件的秘别第三四号照会已经了解，然而该岛自1885年由本县派出警部等进行踏查以来，再没有进行实地调查，故难于确报。故别纸附当年调查书及出云丸船长的回航报告。"该件最后还追述："没有旧记书类相关该岛我邦所属之明文证据及口碑传说等，只是本县下之渔夫经常到八重山岛及这些岛屿进行渔业，特此申报。"^④

① 《沖縄県久米赤島、久場島、魚釣島ヘ国標建設ノ件 明治十八年十月》，JCAHR：B03041152300。
② 《沖縄県久米赤島、久場島、魚釣島ヘ国標建設ノ件 明治十八年十月》，JCAHR：B03041152300。
③ 《沖縄県久米赤島、久場島、魚釣島ヘ国標建設ノ件 明治十八年十月》，JCAHR：B03041152300。
④ 《沖縄県久米赤島、久場島、魚釣島ヘ国標建設ノ件 明治十八年十月》，JCAHR：B03041152300。

从冲绳县5月12日"复第百五十三号"内容来看，冲绳县并没有找到钓鱼岛属该县的历史证据，也没有提及前述的"贵重之岛"的内容，要求成为其所辖的理由为渔业管理的需要。

此后日本在甲午海战中逐渐占据优势，并拟定强迫中国割让台湾为媾和条件。钓鱼岛在琉球群岛与台湾岛之间，故日本认为窃取钓鱼岛时机已经成熟。12月15日，内务省以"秘别一三三号"，由县治局长向内务大臣、次官、参事官及庶务局长递交了"久场岛鱼钓岛所辖标权建设之上报"，提出："对鱼钓岛久场岛相关地理等进行了逐次调查，不论怎么讲，和平山及鱼钓岛二岛，位于海军省水路部二百十号地图的八重山岛东北方，其依照部员的口述，右二岛从来都是属于领土的范围，其在地形上当然地被认为冲绳群岛之一部。"①

12月27日，日本内务大臣野村靖发密电给外务大臣陆奥宗光，称：关于在久场岛（黄尾屿）、鱼钓岛建标一事，虽已下令暂缓，但"今昔形势已殊"，对这些岛屿"需要管理"，故应当重议此事。此次日本外务省未表异议，并答复"请按预定计划适当处置"。

1895年的1月14日为内阁会议召开预定日。内务大臣野村靖于12日向内阁总理大臣伊藤博文发件《关于修建界桩事宜》（秘别第133号），提出："位于冲绳县下辖八重山群岛之西北的久场岛、鱼钓岛一直为无人岛，但近年有人试图在该岛从事渔业等，对此须加以管理之，故该县知事呈报修建该县所辖之界桩。恳请上述内阁会议批准归由该县所辖，准其修建呈报之界桩。"②

内阁会议在内外大臣沟通良好的基础上当然讨论通过。1月21日一份带有内阁总理大臣、内阁书记官长、外务大臣、大藏大臣、海军大臣、文部大臣、通信大臣、内务大臣、陆军大臣、司法大臣及农商务大臣画押的批复文发下，具体批示为："对于内务大臣建议的位于冲绳县八重山群岛之西北称为久场岛、鱼钓岛之无人岛，近年来有人试图从事渔业等，故应有序加以管理之，对此，应按照该县知事呈报批准该岛归入冲绳县辖，准其修建界桩，

---

① 《沖縄県久米赤島、久場島、魚釣島ヘ国標建設ノ件 明治十八年十月》，JCAHR：B03041152300。
② 《钓鱼台群岛（尖阁群岛）问题研究资料汇编》，第169页。

此事如建议顺利通过。指示：按照关于修建界桩事宜的建设办理。"①

同时，内阁（1895年1月）还发表了政府文书《久米赤岛、久场岛及鱼钓岛编入版图经过》，具体内容如下：

> 散落在冲绳与清国福州之间的久米赤岛（距久米岛西南方约70里，位于离清国福州近200里处）、久场岛（距久米岛西南方约100里，位于靠近八重山岛内石垣岛约60余里处）及钓鱼岛（方位同久场岛，仅比久场岛远10里左右）之三岛未发现所属清国的特别证迹，且靠近冲绳所辖之宫古、八重山岛等，为无人岛屿，故冲绳县知事呈请修建国标。上述审议在呈报太政大臣前，山县内务卿于明治18年10月9日已征询井上外务卿的意见。经外务卿熟虑，鉴于本岛屿靠近清国国境，为蕞尔孤岛，当时我国政府因清国报纸刊载我占据台湾附近清国属岛等流言而敦促清国政府注意等理由，于10月21日答复把建立国标、开拓岛屿之事延至他日时机为宜。12月5日内务、外务两卿指示冲绳知事，对目前不修建国标望加谅解。明治23年（1890）1月13日，冲绳县知事向内务大臣请示，要求确定这些岛屿的管辖。请示提出本案岛屿一直为无人岛，未特别确定其所辖，近年因取缔水产之需要，故八重山官署报请确定其所辖。进而明治26年（1893）11月2日，当时有人试图在本案岛屿从事渔业生产等，冲绳县知事为管理之，向内务、外务两大臣呈报修建该县所辖之界桩。内务大臣就本案提交内阁会议与外务大臣磋商，外务大臣未表示异议。于明治27年（1894年）12月27日提交内阁会议。明治28年（1895年）1月21日，内阁会议决定由内务、外务两大臣指示冲绳县知事：报请修建界桩一事已获批准。②

综上所述，历史的真相只有一个，即是钓鱼岛及其附属岛屿本为中国的固有领土，早在明清时期就已经有中国自己的称谓，且为中国册封琉球国王

---

① 《钓鱼台群岛（尖阁群岛）问题研究资料汇编》，第169页。
② 《新领土ノ発見及取得二関スル先例》，JCAHR：B04120002200，日本国立公文书馆藏。

及往来船只的航海指针。日本现存资料也充分证明，日本明治政府对此心知肚明，虽在1885年时就通过踏查知道钓鱼岛为"贵重之岛"，想将其纳入到领土之内，但慑于清政府的实力，没敢具体实施，一直等待着机会。十年之后，在甲午战争优势的前提下，1895年1月14日，日本政府不等战争结束便迫不及待地通过内阁决议，单方面决定将觊觎十年之久的钓鱼岛划归冲绳县所辖。日本没有将此决定通告给清政府，即使是在1895年1月至4月中日签署《马关条约》的谈判过程中，日本从未提及钓鱼岛。在4月17日签订的《马关条约》中更没有涉及，一直到1902年，日本才以天皇敕令悄无声息地窃取了中国的钓鱼岛。所以说日本迄今一直坚持的"钓鱼岛"为无主之地的说法，根本没有历史根据。

日本国立公文书馆藏

《冲绳县与清国福州之间散在之无人岛国标建设之件》

（沖縄県ト清国福州トノ間ニ散在スル無人島ヘ国標建設ノ件）

档案号：A03022910000

《冲绳县与清国福州之间散在之无人岛国标建设之件》

内务省内报

【原档】

【原样】

内務省内部通報

　　沖繩縣ト清國福州トノ間ニ散在スル無人島ヘ國標建設ノ儀ニ付沖繩縣ヘ
指令之件
　　右供回覧候也
　　明治十八年十二月八日
　　内閣書記官長　印
　　太政大臣公爵三條實美殿
　　左大臣熾仁親王殿
　　參議伯爵大木喬任殿
　　參議伯爵伊藤博文殿
　　參議伯爵山縣有朋殿
　　參議伯爵西郷從道殿
　　參議伯爵川村純義殿
　　參議伯爵井上馨殿
　　參議伯爵山田顯義殿
　　參議伯爵松方正義殿
　　參議伯爵大山巖殿
　　參議子爵福岡孝第殿
　　參議伯爵佐々木高行殿

【念法】

内務省内申
<small>ない む しょうないしん</small>

沖縄縣ト清國福州トノ間ニ散在スル無人島ヘ國標建設ノ儀ニ
<small>おきなわけん しんこくふくしゅう あいだ さんざい むじんとう こくひょうけんせつ ぎ</small>

付沖繩縣ヘ指令之件
<small>つきおきなわけん しれいのけん</small>

右供回覽候也
<small>みぎ[かいらんにきょうし]そうろうなり</small>

明治十八年十二月八日
<small>めいじじゅうはちねんじゅうにがつようか</small>

内閣書記官長　印
<small>ないかくしょきかんちょう いん</small>

太政大臣公爵三條實美殿
<small>だじょうだいじんこうしゃくさんじょうさねとみどの</small>

左大臣熾仁親王殿
<small>さだいじんたるひとしんのうどの</small>

參議伯爵大木喬任殿
<small>さんぎ はくしゃくおおき たかとうどの</small>

參議伯爵伊藤博文殿
<small>さんぎ はくしゃくい とうひろぶみどの</small>

參議伯爵山縣有朋殿
<small>さんぎ はくしゃくやまがたありともどの</small>

參議伯爵西郷從道殿
<small>さんぎ はくしゃくさいごうつぐみちどの</small>

參議伯爵川村純義殿
<small>さんぎ はくしゃくかわむらすみよしどの</small>

參議伯爵井上馨殿
<small>さんぎ はくしゃくいのうえかおるどの</small>

參議伯爵山田顯義殿
<small>さんぎ はくしゃくやまだあきよしどの</small>

參議伯爵松方正義殿
<small>さんぎ はくしゃくまつかたまさよしどの</small>

さんぎ はくしゃくおおやまいわおどの
参議伯爵 大山 巖 殿

さんぎ ししゃくふくおかたかちかどの
参議子爵 福岡孝第 殿

さんぎ はくしゃくささきたかゆきどの
参議伯爵 佐々木高行 殿

【日译】

内務省内申

太政大臣公爵三条実美殿

左大臣熾仁親王殿

参議伯爵大木喬任殿

参議伯爵伊藤博文殿

参議伯爵山県有朋殿

参議伯爵西郷従道殿

参議伯爵川村純義殿

参議伯爵井上馨殿

参議伯爵山田顕義殿

参議伯爵松方正義殿

参議伯爵大山巌殿

参議子爵福岡孝第殿

参議伯爵佐々木高行殿

　沖縄県ト清国福州との間に散在する無人島に国標を建設するよう沖縄県に指令する件につき、右資料回覧方お願いいたします。

　　　　　　　　　　　　　　　　　　　明治十八年十二月八日

　　　　　　　　　　　　　　　　　　　　内閣書記官長　印

【中译】

内务省内报

太政大臣公爵三条实美阁下

左大臣炽仁亲王阁下

参议伯爵大木乔任阁下

参议伯爵伊藤博文阁下

参议伯爵山县有朋阁下

参议伯爵西乡从道阁下

参议伯爵川村纯义阁下

参议伯爵井上馨阁下

参议伯爵山田显义阁下

参议伯爵松方正义阁下

参议伯爵大山岩阁下

参议子爵福冈孝第阁下

参议伯爵佐木高行阁下

关于命令冲绳县将国标建立于散落于冲绳县与清国福州之间的无人岛事宜，请各位传阅附属资料。

明治十八年十二月八日

内阁书记官长　印

密第一二八号——关于将国标建立于无人岛事宜之具禀

【原档】

秘別二八号ノ内

無人島ヘ國標建設之儀ニ付内申

沖繩縣ト清國福州トノ間ニ散在セル
魚釣島外二嶋踏査ノ儀ニ付別紙寫ノ
通同縣令ヨリ上申候處國標建設ノ儀ハ
清國ニ交渉シ彼是都合モ有之候間ニ
付目下見合セ候方可然ト考候間外
務卿ト協議ノ上其旨同縣ヘ一致指令候
條此段及内申候也

明治十六年十二月五日　内務卿伯爵山縣有朋

太政大臣公爵三條實美殿

【原样】

秘第一二八号ノ内

無人島ヘ國標建設之儀二付内申

沖繩縣ト清國福州トノ間二散在セル魚釣島外二嶋踏査ノ儀二付別紙寫ノ通同縣令ヨリ上申候處國標建設ノ儀ハ清國二交渉シ彼是都合モ有之候二付目下見合候方可然ト相考候間外務卿ト協議ノ上其旨同縣ヘ致指令候條此段及内申候也

明治十八年十二月五日　内務卿伯爵山縣有朋　印

太政大臣公爵三條實美殿

【念法】

秘第一二八号ノ内

無人島ヘ國標建設之儀ニ付内申

沖繩縣ト清國福州トノ間ニ散在セル魚釣島外二嶋踏査ノ儀

ニ付別紙寫ノ通同縣令ヨリ上申候 處國標建設ノ儀ハ清國

ニ交渉シ彼是都合モ有之候ニ付目下見合候方可然ト相

考候間外務卿ト協議ノ上其旨同縣ヘ致指令候條此段

及内申候也

明治十八年十二月五日 内務卿伯爵山縣有朋 印

太政大臣公爵三條實美殿

【日译】

秘第一二八号ノ内

無人島国標建設の件に関する内申

太政大臣公爵三条実美殿

　沖縄県と清国福州との間に散在している魚釣島ほか二島踏査の件につき、別紙写しの通り同県令より上申がありました。国標建設につきましては、清国に関係し、各種都合もありますので、目下建設を見合わせるべきかと考えます。それゆえ、外務卿と協議の上、その旨を同県へ指令致すこと、ここで御内申いたします。

明治十八年十二月五日

内務卿伯爵山縣有朋　印

【中译】

密第一二八号之

关于将国标建立于无人岛事宜之具禀

太政大臣公爵三条实美阁下：

鱼钓岛及另外两岛散落冲绳县与清国福州间，下官接到同县令具禀，另纸为其抄件，据云请求踏查两岛。建立国标，关乎清国，未必得手，目前不宜建立。下官拟与外务卿商议，按其旨趣批示同县，特此私下具禀。

明治十八年十二月五日

内务卿伯爵山县有朋　印

冲绳县令西村捨三提交给井上馨及山县有朋的信

【原档】

管下無人島ノ儀ニ付黄尾嶼ヘ御下余ノ次第モ有

リ取調為致候處今般別紙之通復命書差出候

該島國標建設ノ儀ハ曩ニ申伺置候通清國ト關係

ナキニレモアラス萬一不都合ヲ生シ候テハ不相済

ニ付如何取計可然哉至急何分ノ御指揮奉

仰候也

明治十八年十一月廿四日

　　　　　　沖繩縣令西村捨三

外務卿伯爵井上　馨殿

内務卿伯爵山縣有朋殿

【原样】

　　管下無人島ノ儀ニ付兼テ御下命ノ次第モ有之取調為致候處今般別紙之通
復命書差出候該島國標建設ノ儀ハ嘗テ伺置候通清國ト関係ナキニシモアラス
萬一不都合ヲ生シ候テハ不相済候ニ付如何取計可然哉至急何分ノ御指揮奉仰
候也

明治十八年十一月廿四日

沖縄縣令西村捨三

　　外務卿伯爵井上馨殿

　　内務卿伯爵山縣有朋殿

【念法】

管下無人嶋ノ儀ニ付兼テ御下命ノ次第モ有之取調為致候處

今般別紙ノ通復命書差出候　該嶋國標建設ノ儀ハ嘗テ伺書ノ

通　清國ト關係ナキニシモアラス萬一不都合ヲ生シ候テハ不相濟

候　ニ付如何取計可然哉至急何分ノ御指揮奉仰候也

明治十八年十一月二十四日

沖繩縣令西村捨三

外務卿伯爵井上馨殿

内務卿伯爵山縣有朋殿

【日译】

外務卿伯爵井上馨殿：
内務卿伯爵山縣有朋殿：

　管轄下の無人島の件につき、かねてより御下命の経緯もありましたので、調査をさせましたところ、今般別紙のように復命書が提出されてきました。該島国標建設の件は、以前の伺書にあったように、清国と関係がないわけではありません。万一不都合な問題が生じましたならば簡単に済む問題ではございません。したがいまして、どのように取り計らうのがふさわしいのか、至急何らかの御指揮を頂きたく思います。

明治十八年十一月二十四日
沖縄県令西村捨三

【中译】

外务卿伯爵井上馨与内务卿伯爵山县有朋阁下：

关于本县管辖下之无人岛，小官既奉批示，已派人调查，此次接到另纸复命报告。该岛建立国标，非无关系清国，其意曾在请示中陈述。万一引起意外之事，其解决不属简单。于是请从速指示如何处理。

明治十八年十一月二十四日
冲绳县令西村捨三

鱼钓岛及另外两岛考察概要

【原档】

魚釣島外二島巡視取調概略

魚釣島久場島及久米赤島實地視察ノ御内命ヲ奉シ

去十月廿二日本縣廰汽船出雲丸ニ乗組宮古石垣入

表諸島ヲ經テ本月一日無恙同行ノ十等屬久當彦八

警部補神尾直欽御用掛藤田千次巡査伊束祐一同柳

田弥一郎ト共ニ烌港ヨリ依而諏視察ニ係ル取調概

答左ニ開陳ス

魚釣島

十月廿九日ノ午後第四時入表島船浮港投錨針ヲ西北

ニ取リ進航シ翌三十日ノ午前四時過束雲桐引テ旭未

夕出テヽ船室ハ尚黒白ヲ辨セサル比濤波ハ残月ノ

為ニ明光ヲ放チノ際本船ノ前面數海里ノ陽ニ於テ

此魚トシテ鑿タルモノアリ是レ則チ魚釣島ナリ同ハ

時瑞船ニ乗シ其西岸ニ上陸シテ周囲及内部ヲ踏査

セントス欲スレ圧頗ル峻阪ナルヲ以テ容易ニ登ルコ

能ハス沿岸ハ又巨巌大石縦横ニアリ且ツ往々潮水

ノ当巌ニ注キ入ルアリテ歩行自由ナラス故ニ漸ク

其南西ノ海浜ヲ跋渉シテ全島ヲ相スルニ此島嶼之

周囲ハ恐ラ三里ヲ超ハンルヘシ而シテ内部ハ巨大ノ

岩石ヨリ成立満面「コバ」樹、可且、榕、藤、等大東島ノ如リ

沖縄本島ト同撞ノ雑草木ヲ以テ蔽ヒ間々浅間ヨリ

清水流ルルニ圧其量多クラス平原ナキヲ以テ耕地ニ

乏シ濱海水族ニ富ムヲ認ムニ圧前顕ノ地埶ナルガ

故ニ目下農漁ノ両業ヲ營ムニ便ナラス然レ圧其土

石ヲ繁スルニ稍ヤ入衣群島中ノ離島ノ組織ニ類シ

テ只石層ノ大ナルヲ覚フルノミ依是考之ハ或ハ煤炭

又銕鑛ヲ包含セシモノニアラサルヲ若シ果シテ之

アルニ於テハ誠ニ貴重ノ島嶼ト言ハサルヘクラス

御参考トシテ携帯セシニ三ノ石類ニ説明ヲ附シ左

ニ列記ス

第一

是ハ赤砂状ノ土中ニ著シキ層ヲ成シタルモノ也

第二

是ハ渣滓状ノ石層中所々ニ粘著セルモノ也

第三

是ハ砂ヨリ変性セシ巨大ノ石層中ニ粘著セルモ

ノ也

第四

是ハ石花石ナリ此類最モ海濱ニ多シ各種アリ就

中色鮮明ナルヲ撰ミニシナリ

第五

是ハ粧石ナレハ無論火山性ノモノトス然レ氏此

ハ他ヨリ漂着セシモノト察セラル數甚タ僅々

レハナリ

第六

是ハ舩釘ナリ何時カ舩舶ノ漂流シテ木材ハ既ニ

朽千釘ノミ残リタルモノト見ハ今ハ酸化シテ海

濱ノ岩石ニ凝結ス其數甚タ多シ亦怪ムニ一シ

該島ハ本邦ト清國トノ間ニ散在セルヲ以テ所謂日

本支那ノ航路ナリ故ニ今モ各種ノ漂流物アリ則

千小官寺ノ目撃セシ物ハ或ハ琉球舩ト覺シキ船板

帆檣或ハ竹木或ハ海綿漁具(竹ニテ製シタル浮標ノヤウナ物)等是ナリ就中

最モ目新ク感シタルハ長貳間半許幅四天許ノ海馬

船ノ漂着セシモノナリ形甚タ奇ニシテ曾テ見聞セ

サルモノナレハ之ヲ出雲丸条組人ニ問フニ曰ク支

那ノ通船ナリト答ヘリ

島地素ヨリ人跡無之樹木ハ前陳ノ如ク繁茂ナレ圧

大木ハ更ニナシ野禽ニハ鵜、鷹、(白露ノ候ナレハ本島ト同ク波リタルモノト見ユ)鶯、鵯、目白、

鳩等ニシテ海禽ノ最モ多キハ信天翁トス此鳥間魚釣

島ノ西南濱少ク白砂ヲ吹寄セタル溪間ニ至ルノ間

地色ヲ見ルマテニ群集シ実ニ数萬ヲ以テ算スヘ

ク所ニシテ皆砂或ハ草葉ヲ集メテ巣トナシ雌ハ卵ヲ

抱ト雄ハ之ヲ保護シ又養フク如シ此鳥和訓アホウ

ドリヌトツクロ又バカドリ等ノ名アリ素ヨリ無

人島ニ棲息セルヲ以テ曾テ人ヲ恐レス小官等共ニ

語テ曰ク人ヲ恐レサレハ宜ク生捕トナスヘシト各

先ヲ争フテ進ミ其頸ヲ握ル大タ容易ナリ或ハ両手

ニ攫シ或ハ翅ヲ結テ是ヲ縛スルアリ或ハ片手ニ三

羽左手ニ二羽ヲ攫テ以テ揚々得色或ハ即チ拾フ等

各自思々ニ生捕或ハ撲殺射殺拾卵等我ヲ志シテ為

セトモ更ニ飛去スルコトナケレハ瞥時数十羽数百卵

ヲ得タリ則チ携帯シ以テ高覧ニ供セシミノ是ナリ

此島海禽中最モ大ナルモノニシテ畳大凡拾介ニ内

外ニ噢氣アレハ肉ハ食料ニ適スト云今書ニ就テ調

フルニ Diomedea 屬ニシテ英語ノ Albatros ト称スル

モノナルヘシ蝙蝠ノ大ナル者ハ大束島等ニ均ク捿

息スト想像スレモ獸類ハ別ニ居ラザルヘシ

此島ハ曩ニ大城永保ニ就キ取調今實地踏査ノ上猶

英國出板ノ日本台灣間ノ海圖ニ照スニ役ノ Alexander

ナル者ニ相當シテ入表群島中外離島西端ヨリ

八拾三海里トス故ニ台灣ノ東北端ヲ去ル大凡百海

里餘東沙島ヲ東ニ去ル大凡貳百拾四海里餘ナル

シ其 Sea is the ヲ以テ久米赤島ハ全ク誤

ニテ久米赤島ハ Raleigh Rock ニ当リ一礁ナルノミ Pinnacle

ヲ以テ久場島ニ当タルモ赤誤ニテ「ピンナックル」ナル

語ハ項ト言フ義ニシテ魚釣群島中六熊ノ最モ屹立

セシヲ言フモノナリ然而彼是其誤ヲ正サンニ魚釣

島ハ Hoa pin su 久場島ハ Tia u su 久米赤島ハ Raleigh Rock

ナルヘシ

余ハ石垣島ヨリ鶏壱番ヲ携帯シテ魚釣島ニ致千以

ヲ将未ノ繁殖否ヲ試ミ得他日ノ證ヲ残サント欲ス

ルノミ

久場島　附ス米赤島

同日午后二時魚釣島ヲ謝シ久場島ニ向ヲ追航暫ク

シテ其沿岸ニ接ス本島ハ魚釣島ノ東北十六海里ニ

隔テアリ先ツ上陸踏査セント欲スレモ惜ラク八日

ハ西山ニ落ントシ時恰モ東北ノ風ヲ起シ倍ス強大

ナラントス素ヨリ港湾ハ十シ風ヲ避クル了能ハス

随而端艇ヲ下スヲ得ス作遺憾傍觀ニ止ム依ヲ先

其形状ヲ言ハンニ山ハ魚釣島ヨリ卑ケレ圧同シク

巨巖大石ヨリ成立タル島ニシテ禽類樹木モ異ナル

コナシト認ラル、ナリ然レ圧少ク小ナルヲ以テ周囲

恐ク二里ニ滿タサルヘシ是ヨリ帰路久米赤島ヲ見

ニ丁ヲ航長ニ約シ進航セシニ風ハ愈ヲ強トヲ加ヘ

夜ハ暗黒ニシテ終ニ黎然見ルコ能ハサリシハ甚タ

遺憾トス然レ圧久米赤島ハ到底洋中ノ一礁ニ過ト

サレハ農漁業ヲ營ミ或ハ将来植民等ヲ為スノ念ハ

無ルヘシ幸ニ自今後先島航海ノ逐次穏波ノ節実

地ノ目撃ヲ期スルニアル耳

以上我沖縄近海ニシテ古来其在ヲ見認テ未タ航海

ヲ為サス他日植民スヘキヤ否ノ考按ヲ貯テ今日ニ

及ヒシ島嶼ハ先般踏査ヲ了セシ南北大東島ト其ニ

五トス故ニ遠略ノ御計画ハ先ツ右ニテ一段落ニ似

タリト雖氏海軍水路局第十七芳ノ海圖ニ據レハ宮

古島ノ南方大凡廿海里ヲ隔テ・イトマ島ト称シ長

廿凡五海里幅ニ二海里位ニシテ八重山ノ小濱島ニ近トモ

ノヲ載セラ曰ク「イビ」氏ハ此島ノ探索ニカヽヲ尽セシ

グ遂ニ見得サリレト云フトアリ又英國出版ノ日本

台灣前ノ海圖ニモ「イーマ（ダブトフル」Shima (Doubtful) ト記シ以テ其有

無疑ノ間ニ置ケリ而シテ今回ハ八重山島ニ到リ土人

ノ言フ所ニ據レハ往昔波照間島ノ一村民擧テ其南

方ノ一島嶼ニ移轉セリト其有無判然セサレバ今ニ

之ヲ南波照間島ト称シテ其子孫ノ連綿タル事ヲ信

シテ疑ハスト云フ以上ノ二島ハ他日御探求可相成可

然哉ニ奉存候

古今回御内命ニ據リ魚釣島外二島實地踏査ノ概略

並ニ見取略圖相添謹而奉復命候頓首再拜

明治十八年十一月四日

沖繩縣五等屬 石澤兵吾

沖繩縣令西村捨三殿代理

沖繩縣大書記官森長義殿

【原样】

魚釣嶋外二嶋巡視取調概略

魚釣島久塲島及久米赤島実地視察ノ御内命ヲ奉シ去十月廿二日本縣雇汽舩出雲丸二乗組宮古石垣入表諸嶋ヲ経テ本月一日無恙同行ノ十等属久留彦八警部補神尾直敏御用掛藤田千次巡査伊東祐一同柳田弥一郎ト共二帰港セリ依テ該視察二係ル取調概略左二開陳ス

魚釣嶋

十月廿九日午後才四時入表島舩浮港抜錨針ヲ西北二取リ進航シ翌三十日午前四時過東雲棚引テ旭未夕出デズ舩室ハ尚黒白ヲ辨セサレトモ濤波ハ残月ノ為メ二明光ヲ放ツノ際本舩ノ前面数海里ノ隔二於テ屹焉トシテ聳タルモノアリ是則チ魚釣島ナリ同八時端艇二乗シ其西岸二上陸シテ周囲及内部ヲ踏査セント欲スレトモ頗ル峻阪ナルヲ以テ容易二登ル事能ハス沿岸ハ又巨巖大石縦横二アリ且ツ往々潮水ノ崑崙二注キ入ルアリテ歩行自由ナラス故二漸ク其南西ノ海濱ヲ跋渉シテ全嶋ヲ相スルニ此嶋嶼ノ周囲ハ恐ク三里ヲ超ヘサルヘシ而シテ内部ハ巨大ノ岩石ヨリ成立満面「コバ」樹、阿旦、榕、籐等大東島ノ如ク沖縄本嶋ト同種ノ雑草木ヲ以テ蔽シ間々渓間ヨリ清水流ルレトモ其量多カラス平原ナキヲ以テ耕地二乏シ濱海水族二冨ムヲ認ムレトモ前顕ノ地勢ナルガ故二目下農漁ノ両業ヲ営ムニ便ナラス然レトモ其土石ヲ察スルニ稍ヤ入表群島中内離島ノ組織二類シテ只石層ノ大ナルヲ覚フルノミ依是考之ハ或ハ煤炭又鉄鑛ヲ包含セシモノニアラザル乎若シ果シテ之アルニ於テハ誠二貴重ノ島嶼ト言ハサルヘカラス御参考トシテ携帯セシ二三ノ石類二説明ヲ附シ左二列記ス

第一

是ハ赤砂状ノ土中二著シキ層ヲ成シタルモノ也

第二

是ハ渣滓状ノ石層中所々二粘着セルモノナリ

第三

是ハ沙ヨリ変性セシ巨大ノ石層中ニ粘着セルモノナリ

第四

是ハ石花石ナリ此類最モ海濱ニ多シ各種アリ就中色鮮明ナルヲ撰ビシナリ

第五

是ハ軽石ナレハ無論火山性ノモノトス然レトモ此ハ他ヨリ漂着セシモノト察セラル数甚タ僅々ナレハナリ

第六

是ハ船釘ナリ何時カ船舶ノ漂流シテ木材ハ既ニ朽チ釘ノミ残リタルモノト見ヘ今ハ酸化シテ海濱ノ岩石ニ凝結ス其数其タ多シ亦怪ムヘシ

該嶋ハ本邦ト清國トノ間ニ散在セルヲ以テ所謂日本支那海ノ航路ナリ故ニ今モ各種ノ漂流物アリ則チ小官等ノ目撃セシ物ハ或ハ琉球船ト覚シキ舩板帆檣或ハ竹木或ハ海綿漁具竹ニテ製シタル浮様ノモノヲ云フ等是ナリ就中最モ目新シク感シタルハ長貳間半許巾四尺許ノ傳馬舩ノ漂着セシモノナリ形甚タ奇ニシテ曽テ見聞セサルモノナレハ之ヲ出雲丸乗組人ニ問フニ曰ク支那ノ通舩ナリト答ヘリ

島地素ヨリ人蹟無之樹木ハ前陳ノ如ク繁茂ナレトモ大木ハ更ニナシ野禽ニハ鴉、鷹、白露ノ候ナレハ本島ト同シク渡リタルモノト見ユ鶯、鶉、目白、鳩等ニシテ海禽ノ最モ多キハ信天翁トス此鳥魚釣嶋ノ西南濱少ク白沙ヲ吹寄セタル渓間ニ至ルノ間地色ヲ見サル迄ニ群集ス實ニ数萬ヲ以テ算スヘク而シテ皆沙或ハ草葉ヲ集メテ巣トナシ雌ハ卵ヲ抱キ雄ハ之ヲ保護シ又養フカ如シ此鳥和訓アホウドリ又トウクロウ又バカドリ等ノ名アリ素ヨリ無人嶋ニ棲息セルヲ以テ曽テ人ヲ恐レス小官等共ニ語テ曰ク人ヲ恐レサレハ宜ク生捕ナスヘシト各先争フテ進ミ其頸ヲ握ル太タ容易ナリ或ハ両手ニ攫シ或ハ翅ヲ結テ足ヲ縛スルアリ或ハ右手ニ三羽左手ニ二羽ヲ攫テ以テ揚々得色或ハ卵ヲ拾フ等各自思々ニ生捕或ハ撲殺射殺拾卵等我ヲ忘レテ為セトモ更ニ飛去スル事ナケレハ暫時数十羽数百卵ヲ得タリ則チ携帯シ以テ高覧ニ供セシモノ是ナリ此鳥海禽中最モ大ナルモノニシテ量大凡拾斤ニ内外ス嗅気アレトモ肉ハ食

料ニ適スト云フ今書ニ就キ調フルニ Diomedea 属ニシテ英語ノalbatrossト称ス
ルモノナルベシ蝙蝠ノ大ナル者ハ大東島等ニ均シク棲息スト想像スレトモ獣
類ハ別ニ居ラサルヘシ此島ハ曩ニ大城永保ニ就キ取調候実地踏査ノ上猶英國
出版ノ日本台湾間ノ海圖ニ照ラスニ彼ノHoa pin suナル者ニ相当ル而シテ人表
群島中外離島西端ヨリ八十三海里トス故ニ台湾ノ東北端ヲ去ル大凡百海里餘
東沙島ヲ東ニ去ル大凡貳百十四海里餘ナルヘシ其Sia u suヲ以テ久米赤島ニ当
テタルハ全ク誤ニテ久米赤島ハRaleigh Rockニ当リ一礁ナルノミPinnacleヲ以
テ久場島ニ当タルモ亦誤ニテ「ピンナックル」ナル語ハ頂ト云フ義ニシテ魚
釣群嶋中六礁ノ最モ屹立セシヲ言フモノナリ依テ彼是其誤ヲ正サンニ魚釣島
ハHoa pin su久塲嶋ハSia u su久米赤島ハRaleigh Rockナルヘシ

　余ハ石垣島ヨリ雞壱番ヲ携帯シテ魚釣嶋ニ放チ以テ将来ノ繁殖否ヲ試ム
復他日ノ證ヲ残サント欲スルノミ

　久塲嶋附久米赤島

　同日午后二时魚釣嶋ヲ謝シ久塲島ニ向テ近航暫クシテ其沿岸ニ接ス本島
ハ魚釣嶋ノ東北十六海里ヲ隔テアリ先ツ上陸踏査セント欲スレトモ惜ムラク
ハ日ハ西山ニ落ントシ時恰モ東北ノ風ヲ起シ倍ス強大ナラントス素・港湾ハ
ナシ風ヲ避クル事能ハス随テ端艇ヲ下ス事ヲ得ス乍遺憾傍観ニ止ム依テ先其
形状ヲ言ハンニ山ハ魚釣嶋ヨリ卑ケレトモ同シク巨巌大石ヨリ成立タル嶋ニ
シテ禽類樹木モ異ナル事ナシト認メラルヽナリ然レトモ少ク小ナルヲ以テ周
囲恐ラク二里ニ満タサルヘシ是ヨリ归路久米赤嶋ヲ見ン事ヲ舩長ニ約シ進航
セシニ風ハ愈ヨ強キヲ加ヘ夜ハ暗黒ニシテ終ニ瞭然見ル事能ハサリシハ甚タ
遺憾トス然レトモ久米赤嶋ハ到底洋中ノ一礁ニ過キサレハ農漁業ヲ営ミ或ハ
将来植民等ヲ為スノ念ハナカルヘシ幸ニ自今後先島航海ノ途次穏波ノ節実地
ノ目撃ヲ期スルニアル耳

　以上我沖縄近海ニシテ古来其在ヲ見認テ未タ航海ヲ為サス他日植民スヘ
キヤ否ノ考案ヲ貯ヘ今日ニ及ヒシ島嶼ハ先般踏査ヲ了セシ南北大東嶋ト共ニ
五トス故ニ遠略ノ御計畫ハ先ツ右ニテ一段落ニ似タリト雖トモ海軍水路局第
十七号海圖ニ據レハ宮古嶋ノ南方大凡廿海里ヲ隔テヽイキマ島ト称シ長サ凡
五海里巾二海里位ニシテ八重山ノ小濱嶋ニ近キモノヲ載セテ曰ク「イビ」氏

ハ此島ノ探索ニ力ヲ尽セシガ遂ニ見得サリシト云フトアリ又英国出版ノ日本
台湾間ノ海圖ニモIkima(Doubtful)ト記シ以テ其有無疑ノ間ニ置ケリ而シテ今回
八重山島ニ到リ土人ノ言フ所ニ據レハ往昔波照間島ノ一村民挙テ其南方ノ
島嶼ニ移転セリト其有無判然セサレトモ今ニ之ヲ南波照間島ト称シテ其子
孫ノ連綿タル事ヲ信シテ疑ハズト云フ以上ノ二島ハ他日御探求相成可然哉
ニ奉存候

　　右今回御内命ニ據リ魚釣島外二島実地踏査ノ概略並ニ見取略圖相添謹テ
奉復命候頓首再拝

明治十八年十一月四日
沖縄縣五等属石澤兵吾

　　沖縄縣令西村捨三属代理
　　沖縄縣大書記官森長義殿

【念法】

魚釣嶋外二嶋巡視取調概略

魚釣島久塲島及久米赤島實地視察ノ御内命ヲ奉シ去十月　廿

二日本縣雇汽舩出雲丸ニ乘組宮古石垣入表諸嶋ヲ經テ本月一日

無恙同行ノ十等屬久留彦八警部補神尾直敏御用掛藤田千次巡查

伊東祐一同柳田彌一郎ト共ニ歸港セリ依テ該視察ニ係ル取調概

略　左ニ開陳ス

魚釣嶋

十月廿九日午後第四時入表島舩浮港拔錨針ヲ西北ニ取リ

進航シ翌三十日午前四時過東雲棚引テ旭未タ出デズ舩室ハ尚黒

白ヲ辨セサレトモ濤波ハ殘月ノ為メニ明光ヲ放ツノ際本舩ノ前面數海

里ノ隔ニ於テ屹焉トシテ聳タルモノアリ是則チ魚釣島ナリ同八時

端艇ニ乘シ其西岸ニ上陸シテ周圍及内部ヲ踏査セント欲スレトモ

頗ル峻阪ナルヲ以テ容易ニ登ル事能ハス沿岸ハ又巨巖大石縱橫

ニアリ且ツ往々潮水ノ嵩崑ニ注キ入ルアリテ歩行自由ナラス故ニ漸

ク其南西ノ海濱ヲ跋涉シテ全嶋ヲ相スルニ此嶋嶼ノ周圍ハ恐ク三

里ヲ超ヘサルヘシ而シテ内部ハ巨大ノ岩石ヨリ成立滿面「コバ」樹、

阿旦、榕、籐等大東島ノ如ク沖繩本嶋ト同種ノ雜草木ヲ以テ蔽シ

間々溪間ヨリ清水流ルレトモ其量多カラス平原ナキヲ以テ耕地ニ乏シ

濱海水族ニ冨ムヲ認ムレトモ前顯ノ地勢ナルガ故ニ目下農漁ノ兩業

ヲ營ムニ便ナラス然レトモ其土石ヲ察スルニ稍ヤ入表群島中内離

島ノ組織ニ類シテ只石層ノ大ナルヲ覺フルノミ依是考之ハ或ハ煤炭又

鐵鑛ヲ包含セシモノニアラザル乎若シ果シテ之アルニ於テハ誠ニ貴重

ノ島嶼ト言ハサルヘカラス御參考トシテ攜帶セシ二三ノ石類ニ説明ヲ附

シ左ニ列記ス

第一

是ハ赤砂状ノ土中ニ著シキ層ヲ成シタルモノ也

第二

是ハ渣滓状ノ石層中所々ニ粘着セルモノナリ

第三

是ハ沙ヨリ變性セシ巨大ノ石層中ニ粘着セルモノナリ

第四

是ハ石花石ナリ此類最モ海濱ニ多シ各種アリ就中色鮮明ナル

ヲ撰ビシナリ

第五

是ハ輕石ナレハ無論火山性ノモノトス然レトモ此ハ他ヨリ漂着セ

シモノト察セラル數甚タ僅々ナレハナリ

第六

是ハ船釘ナリ何時カ船舶ノ漂流シテ木材ハ既ニ朽チ釘ノミ殘

リタルモノト見ヘ今ハ酸化シテ海濱ノ岩石ニ凝結ス其數甚タ多シ亦

怪ムヘシ

該嶋ハ本邦ト清國トノ間ニ散在セルヲ以テ所謂日本支那海ノ航

路ナリ故ニ今モ各種ノ漂流物アリ則チ小官等ノ目撃セシ物ハ或

ハ琉球船ト覺シキ舩板帆檣或ハ竹木或ハ海綿漁具竹ニテ製シタル

浮様ノモノヲ云フ等是ナリ就中最モ目新シク感シタルハ長貳間半

許巾四尺許ノ傳馬舩ノ漂着セシモノナリ形甚タ奇ニシテ曽テ

見聞セサルモノナレハ之ヲ出雲丸乗組人ニ問フニ曰ク支那ノ通舩ナリト

答ヘリ

島地素ヨリ人蹟無之樹木ハ前陳ノ如ク繁茂ナレトモ大木ハ更ニナ

シ野禽ニハ鴉、鷹、白露ノ候ナレハ本島ト同シク渡リタルモノト見ユ

鶯、鶉、目白、鳩等ニシテ海禽ノ最モ多キハ信天翁トス此鳥魚釣

嶋ノ西南濱少ク白沙ヲ吹寄セタル溪間ニ至ルノ間地色ヲ見サル迄

ニ群集ス實ニ數萬ヲ以テ算スヘク而シテ皆沙或ハ草葉ヲ集メテ巣トナ

シ雌ハ卵ヲ抱キ雄ハ之ヲ保護シ又養フカ如シ此鳥和訓アホウドリ又

トウクロウ又バカドリ等ノ名アリ素ヨリ無人嶋ニ棲息セルヲ以テ曽テ人

ヲ恐レス小官等共ニ語テ曰ク人ヲ恐レサレハ宜ク生捕トナスヘシト

各先爭フテ進ミ其頸ヲ握ル太タ容易ナリ或ハ両手ニ攫シ或ハ翅

ヲ結テ足ヲ縛スルアリ或ハ右手ニ三羽左手ニ二羽ヲ攫テ以テ揚々得

色或ハ卵ヲ拾フ等各自思々ニ生捕或ハ撲殺射殺拾卵等我ヲ忘

レテ為セトモ更ニ飛去スル事ナケレハ暫時数十羽数百卵ヲ得タリ則

チ攜帯シ以テ高覧ニ供セシモノ是ナリ此鳥海禽中最モ大ナルモノ

ニシテ量大凡拾斤ニ内外ス嗅氣アレトモ肉ハ食料ニ適スト云フ今

書ニ就キ調フルニDiomedea屬ニシテ英語ノalbatrossト稱スルモノナルベシ

蝙蝠ノ大ナル者ハ大東島等

ニ均シク棲息スト想像スレトモ獣類ハ別ニ居ラサルヘシ此島ハ曩

ニ大城永保ニ就キ取調候實地踏査ノ上猶英國出版ノ日本臺灣間

ノ海圖ニ照ラスニ彼ノHoa pin suナル者ニ相當ル而シテ入表群島中外

離島西端ヨリ八十三海里トス故ニ臺灣ノ東北端ヲ去ル大凡百海里

餘東沙島ヲ東ニ去ル大凡貳百十四海里餘ナルヘシ其Sia u suヲ以

テ久米赤島ニ當テタルハ全ク誤ニテ久米赤島ハRaleigh Rockニ當リ一

礁ナルノミPinnacleヲ以テ久場島ニ當タルモ亦誤ニテ「ピンナックル」

ナル語ハ頂ト云フ義ニシテ魚釣群嶋中六礁ノ最モ屹立セシヲ言フ

モノナリ依テ彼是其誤ヲ正サンニ魚釣島ハHoa pin su久場嶋ハSia u su

久米赤島ハRaleigh Rockナルヘシ

余ハ石垣島ヨリ雞壱番ヲ攜帯シテ魚釣嶋ニ放チ以テ將來ノ繁

殖否ヲ試ム復他日ノ證ヲ殘サント欲スルノミ

久場嶋附久米赤島

同日午后二時魚釣嶋ヲ謝シ久場島ニ向テ近航 暫クシテ其沿岸ニ

接ス本島ハ魚釣嶋ノ東北十六海里ヲ隔テアリ先ツ上陸踏査セント

欲スレトモ惜ムラクハ日ハ西山ニ落ントシ時恰モ東北ノ風ヲ起シ倍

ス強大ナラントス素・港灣ハナシ風ヲ避クル事能ハス随テ端艇ヲ下

ス事ヲ得ス乍遺憾傍觀ニ止ム依テ先其形狀ヲ言ハンニ山ハ魚釣嶋ヨ

リ卑ケレトモ同シク巨巖大石ヨリ成立タル嶋ニシテ禽類樹木モ異ナル

事ナシト認メラルヽナリ然レトモ少ク小ナルヲ以テ周圍恐ラク二里ニ

滿タサルヘシ是ヨリ歸路久米赤嶋ヲ見ン事ヲ舩長ニ約シ進航セシニ風

ハ愈ヨ強キヲ加ヘ夜ハ暗黒ニシテ終ニ瞭然見ル事能ハサリシハ甚タ

遺憾トス然レトモ久米赤嶋ハ到底洋中ノ一礁ニ過キサレハ農漁業ヲ

營ミ或ハ將來植民等ヲ為スノ念ハナカルヘシ幸ニ自今後先島航

海ノ途次穩波ノ節實地ノ目擊ヲ期スルニアル耳

以上我沖繩近海ニシテ古來其在ヲ見認テ未タ航海ヲ為サス他

日植民スヘキヤ否ノ考案ヲ貯ヘ今日ニ及ヒシ島嶼ハ先般踏査ヲ了

セシ南北大東嶋ト共ニ五トス故ニ遠略ノ御計畫ハ先ツ右ニテ一段落

ニ似タリト雖トモ海軍水路局第十七號海圖ニ據レハ宮古嶋ノ南方

大凡廿海里ヲ隔テヽイキマ島ト稱シ長サ凡五海里巾二海里位ニ

シテ八重山ノ小濱嶋ニ近キモノヲ載セテ曰ク「イビ」氏ハ此島ノ探索ニ

力ヲ盡セシガ遂ニ見得サリシト云フトアリ又英國出版ノ日本臺灣間ノ海圖ニモIkima(Doubtful)ト記シ以テ其有無疑ノ間ニ置ケリ而シテ今同八重山島ニ到リ土人ノ言フ所ニ據レハ往昔波照間島ノ一村民舉テ其南方ノ島嶼ニ移轉セリト其有無判然セサレトモ今ニ之ヲ南波照間島ト稱シテ其子孫ノ連綿タル事ヲ信シテ疑ハズト云フ以上ノ二島ハ他日御探求相成可然哉ニ奉存候

右今回御内命ニ據リ魚釣島外二島實地踏査ノ概略並ニ見取略圖相添謹テ奉復命候頓首再拜

明治十八年十一月四日

沖繩縣五等屬石澤兵吾

沖繩縣令西村捨三屬代理

沖繩縣大書記官森長義殿

【日译】

魚釣島他二島巡視調査の概略

　　沖縄県令西村捨三属代理沖縄県大書記官森長義殿：

　　魚釣島、久塲島及び久米赤島の実地視察の御内命を奉じ、さる十月廿二日に本県雇の汽船出雲丸に乗り、宮古島や石垣島、入表諸島を経由して、本月一日つつがなく、同行の十等屬久留彦八、警部補神尾直敏、御用掛藤田千次、巡査伊東祐一、同柳田彌一郎とともに帰港しました。よって、該視察に関する取調の概略を左に開陳します。

　　魚釣島

　　十月廿九日午後四時、入表島船浮港を抜錨し、針を西北に取り進航した。翌三十日午前四時過ぎ、東雲が棚引き朝日は未だ出ておらず、船室はなお白黒を弁じず、波が残月のために明光を放っているときに、本船の前面数海里の距離に屹然と聳えているものがあった。これすなわち魚釣島である。同八時、端艇に乗って魚釣島の西岸に上陸して島の周囲と内部を踏査しようとしましたが、大変峻険であったため、容易には登ることができませんでした。また沿岸は巨岩大石が縦横にあり、しかも海水が往々にして岩窟の中に注ぎこんでくることがあり、自由に歩行することができません。ゆえに、かろうじて島の南西の海浜を跋渉して全島を相しますに、この島嶼の周囲は恐らく三里を上回っていないはずです。そして島の内部は巨大な岩石から成り立っており、一面全て檳榔や阿檀、榕、籐等、大東島と同様に、沖縄本島と同種の雑草木で覆われ、ときどき渓間から清水が流れておりますが、水量は多くなく、平原も無いため耕地とするにふさわしい場所に欠けております。近海は水族に恵まれていると認められますが、前述の地勢であるがゆえに、目下、農漁両業を営むには都合よくありません。しかしながら、その土石を観察するに、入表群島中内離島の組織にやや似ており、石層が大きいということを感じるのみでした。ここから考えますと、これはもしかしたらば煤炭

か鉄鋼石を含んだものではないでしょうか。もし本当にこれがある場合、真
に貴重な島と言わざるをえません。ご参考として携帯した二三の石類に説明
をつけ、左に列記します。

第一

これは赤砂状の土中に著しい層を成していたものです。

第二

これは渣滓状の石層中、所々に粘着していたものです。

第三

これは砂から変性した巨大な石層の中に粘着していたものです。

第四

これは石花です。この類は海浜に最も多く存在します。色々な種類のも
のがあり、なかでも鮮明な色をしたものを選びました。

第五

これは軽石なのでもちろん火山性のものと考えられます。しかし、これ
は他の場所より漂着したものと察せられます。といいますのも、数が非常に
僅少だからです。

第六

これは船に用いられる釘です。いつか船舶が漂流してきて、木材は朽ち
果て、釘だけが残ったものと見受けられます。今は酸化して海浜の岩石の中
に凝結しております。その数は非常に多かったです。これもまた不思議なも
のです。

該島は本邦と清国との間に散在しているため、いわゆる日本支那海の航
路であります。ゆえに今も各種の漂流物があります。つまり小官等が目撃し
たものはもしかしたら琉球船と思われる船板帆檣や竹木や海綿漁具〔竹で作った水に浮
くものを指します〕
等でありましょう。なかでも最も目新しく感じたのは長さ二間半ほど、幅四
尺ほどの伝馬船が漂着したものでした。その形は非常に奇妙でこれまで見聞
したことのないものなので、これを出雲丸の乗組員に聞きました。すると彼
らは、支那の通船だと答えました。

島地には元来より人蹟が無く、樹木は先述のように茂ってはおります

が、大木はありません。野禽には鴉、鷹、<small>白露の時だったので本島と同じ
く渡ったものと思われます。</small>鶯、鶉、目白、鳩
等があり、海禽のうち最も多いのは信天翁であります。この鳥は魚釣島の西
南海岸には少なく、白砂を吹き寄せた渓間までの間には地色が見えないほど
群集しております。その数は数万に上り、その巣はみな砂や草葉を集めて作
られており、雌は卵を抱き、雄はこれを守り、養っているようであります。
この鳥は日本の呼び方では、アホウドリとかトウクロウとかバカドリなどの
名があります。元来より、無人島に棲息してきたため、これまで人を恐れた
ことがありません。小官等はともに、「人を恐れないのでから、生け捕るべ
きだ」と語り、各々が先を競って進み、信夫翁の頸を捕まえました。それは
大変容易なことでした。両手に捕まえた者もいれば、羽を結んで足を縛る者
もおり、右手に三羽左手に二羽を捕まえて意気揚々としたり、卵を拾ったり
する者もおりました。各自思い思いに生け捕ったり、撲殺や射殺を行った
り、卵を拾ったりなど我を忘れて行いましたが、飛び去ることがないので、
暫時に数十羽数百卵を手に入れました。ご高覧のために持ち帰ってきました
のがこれです。この鳥は海鳥の中で最も大きいもので、その目方は約10斤前
後になります。臭気はあるものの、肉は食糧として適しているとのことで
す。今、書籍から調べてみますに、この鳥はDiomedea属で英語ではalbatrossと
称するものであるはずです。蝙蝠のうち大きいものが、大東島などと同様に
棲息すると想像されますが、獣類は他にいないはずです。この島は以前大城
永保に調査させました。実地踏査の上でさらにそれを、イギリスで出版され
ている日本・台湾間の海図に照らし合わせますと、この島はこの海図上のHoa
pin suというものに相当しており、西表諸島〔原文入表群島〕のうち外離島西
端から83海里となっております。ですから、台湾の東北端から約100海里余
り、東沙島から東に約214海里余りであるはずです。海図上のSia u suを久米赤
島に当てているのは全くの誤りであり、久米赤島はRaleigh Rockに当たり、一
つの礁であるにすぎません。また、Pinnacleを久場島に当てているのもまた誤
りであり、「ピンナックル」という単語は頂という意味であり、魚釣群島の
六つある礁のうち最も屹立したのを言っているものである。よって色々と誤
りを訂正するに、魚釣島はHoa pin su、久場島はSia u su、久米赤島はRaleigh

Rockとなるはずです。

　私は石垣島からニワトリ〔原文：雞〕のつがいを一組携帯して、将来の繁殖が可能かどうか試みるため、魚釣島に放ちました。今後の証拠として残そうと期待するのみです。

　久場島附久米赤島

　同日午後二時、魚釣島を離れ、久場島に向かい、しばらく近航してその沿岸に近づきました。この島は魚釣島の東北16海里を隔てたところにございます。まず上陸踏査しようとしましたが、残念なことに太陽が西山に落ちようとしている頃で、しかも東北の風が起こり、その風は次第に強くなろうとしておりました。しかも、元来港湾は無く、風を避けることができません。したがって端艇を下ろすことができず、遺憾ではございますが、傍観するだけに止まりました。よってまずその形状を申し上げたいと思いますが、山は魚釣島より低いですが、魚釣島と同じく巨岩大石でできている島であり、禽類樹木も異なっているものがないと認められます。しかしながら、魚釣島より少し小さいため、島の周囲は恐らく2里にも満たないはずです。それから、帰り道に久米赤島を見ることを船長に約束し進航したところ、風がますます強くなり、夜は真っ暗となったため、結局はっきりと見ることができなかったのが、甚だ残念であります。しかしながら、久米赤島は結局は海の中の一礁に過ぎませんから、農漁業を営んだり、将来植民等を行おうという気持ちは無いほうがよいでしょう。今後先島航海の途中、幸い穏波に恵まれたときに、実地の観察を行えることに期待するのみです。

　以上、我が沖縄近海で古来その存在を認めて未だ航海を行ったことがございませんが、他日植民すべきかどうか今日まで構想を蓄えてきた島嶼は、先般踏査を終了した南北大東島と合わせて全部で五島あることになりました。ゆえに、遠略の御計画はまずこれで一段落ついたようにも思われますが、海軍水路局第17号海図によれば、宮古島の南方約20海里の距離にイキマ島と称して、長さ約5海里、幅2海里で、八重山の小浜島に近いものが載っており、「イビ」氏がこの島の探索に尽力したが、結局発見できなかったとのことと記されている。また、イギリスで出版された日本と台湾との間の海図

にもIkima（Doubtful）と記されており、この島の有無に疑義を呈している。今回、八重山島に至り、地元民の言うところによれば、かつて波照間島のある村民が一同、その南方の島嶼に移転したとのことであった。その件が本当かどうか判然できないが、いまこの島を南波照間島と言い、その子孫が連綿たることを信じて疑わないという。以上の二島については、他日御探求されるべきかと思われます。

　以上、今回の御内命に従い、魚釣島他二島実地踏査の概略並びに見取り略図を同封し、謹んで復命させていただきます。頓首再拝。

明治十八年十一月四日

沖縄県五等属石澤兵吾

【中译】

鱼钓岛及另外两岛考察概要

冲绳县令西村捨三、文官代理冲绳县大书记官森长义阁下：

本职既奉密命考察鱼钓岛、久场岛及久米赤岛，10月22日乘本县所雇汽船出云丸号，经宫古、石垣、入表等群岛，于本月1日与同伴的十等文官久留彦八、警部补神尾直敏、御用挂藤田千次、巡查伊东祐一及柳田弥一郎一并归港。依据该考察的调查报告陈述如下。

鱼钓岛

10月29日下午4时从入表群岛船浮港启锚，向西北航行，翌日清晨，东云缭绕，旭日未出，船室尚未辨黑白，却有涛波受残月而放明光，此际于本船前方几海里之隔有岛屿屹立，此乃鱼钓岛。同日上午8时乘小艇，拟在其西岸登陆，对周围及岛内进行实地考察。然而因地势颇为险峻，不易登陆。又沿岸遍布巨岩大石，且往往有潮水注入嵁岚，步行亦难。故几经艰难跋涉至其西南海滨，以便观察全岛，此岛屿周围应不超过三里。此岛由巨大岩石构成，四处丛生槟榔、阿旦、榕、籐等，与大东岛相似，杂草树木与冲绳本岛系同种，遮蔽该岛，其间常有溪间流水，然水量不多，且无平原不适宜耕地。本职虽发现其近海有得天独厚的水产资源，但因上述地势，目前并不便于从事农渔两业。然察其土石，其组织类似入表群岛内之离岛，仅以石层之大为异。由此可知，此可能包含煤炭或铁矿之物耶？若果真如此，不可不言之为贵重岛屿。为参考起见，携带几块，并附上解释，以备参考。

第一

这块呈红沙状，乃土中构成之厚层。

第二

这为渣滓石层中黏着之物。

第三

此为由沙变性之巨大石层中之粘着物。

第四

这为石花，海滨最多此类，其色各异，此为选其色彩鲜明者也。

第五

此石为轻石，应属火山性物质，然为数不多，莫非由它处漂至。

第六

此为船钉，盖有船舶曾经漂至，木料已朽，仅留其钉，现已氧化，凝结成海滨岩石，其数甚多亦可怪也。

该岛散落我国与清国之间，为所谓日本、中国海上航路。故而今亦有各种漂流物品，下官所亲睹之物或为船板帆樯，似琉球船遗物，或为竹木，或为海绵渔具_{云浮在水上之竹制物品}等。其中有最为新奇之物乃漂至此地之驳船。其长约两间半，宽约四尺，形状甚奇，因从未见闻，将之问出云丸之船员，据云通航中国之船也。

该岛素无人迹，如前所述虽树木繁茂，却无大木。野禽有鸦、鹰、_{因秋季观察，盖此为漂鸟，同于本岛。}莺、鹑、绣眼鸟、鸠等，海禽则信天翁最多。信天翁较少见于鱼钓岛西南海岸，密集在风积白沙的溪涧，几乎使人难以见到地面，为数可达万计。而皆以沙或草叶为巢，雌鸟抱卵，雄鸟负责守护。此鸟名曰"アホウドリ（阿呆鸟）"又曰"トウクロウ（藤九郎）"亦曰"バカドリ（马鹿鸟）"等。此鸟素栖息于无人岛，不畏人。下官等咸曰此鸟不怕人，应当生擒，各争先恐后，捉其颈根，甚为容易。或以双手抓取，或捆绑翅膀及腿，或右手取三只，左手抓两只，扬扬得意，或拾卵等，各尽其意恣意生擒、扑杀、射杀及拾卵等，因无飞去之鸟，暂时得到数十只鸟及数百卵，并将其携带回去以供高览。此鸟在海禽中最大，重量大约10斤左右，据云虽有臭气，肉适于食用。现在根据书中介绍，此鸟应属Diomedea，相当于英语中albatross一词。此岛与大东岛均似有大蝙蝠栖息，却无其他兽类。

此岛事宜曾向大城永保问其意见，然后进行实地勘察。不仅如此，英国出版日本与中国台湾间之海图，此岛相当于它的Hoa pin su，位于距入表群岛中的外离岛西端83海里处，然则应在台湾岛东北端大约一百海里处，又在东沙岛东方大约214海里处。若将此海图上的Sia u su相当久米赤岛，则完全错误。久米赤岛相当于Raleigh Rock，不过为一礁而已。而将Pinnacle相当久场岛，亦为错误，"Pinnacle"此词汇表示山顶之意，钓鱼群岛六礁中最为屹立之一礁正为

"Pinnacle"。在此若欲纠正各种错误，钓鱼岛则为Hoa pin su，久场岛则为Sia u su，久米赤岛则为Raleigh Rock相当为宜。

小官从石垣岛携带一对鸡，放于钓鱼岛，以便尝试将来能否繁殖，其意仅出于欲留他日之证据。

久场岛附久米赤岛

同日下午两时，小官出航鱼钓岛，开往久场岛，稍微航行后接近其沿岸。此岛在鱼钓岛东北16海里处。小官虽欲先登陆踏查，可惜夕阳西下，东北风正起，将要越来越大，且无港湾，不能避风，故不得划行舟船，只得旁观，甚为遗憾。因此，小官只能先述其形状，山低于鱼钓岛，然两岛均由巨岩大石构成，禽类树木并无殊异也。唯地方较为狭小，周围恐不满2里。于是，与船长约归途中赴久米赤岛，然出发后，风愈强，夜黑暗，始终飘渺无见，甚为遗憾。久米赤岛终只为洋中一礁，当无从事农渔业或将来殖民之诸类计划，唯望庶几今后于先岛航海途中，能有幸于风平浪静时目击该岛。

……此类岛屿包括踏查已毕之南北大东岛在内，共有五组，远略计划似以此暂告一段落。现据海军水路局第17号海图，宫古岛南方约20海里处有一岛，长约5海里，幅约2海里，近于八重山之小滨岛，称曰"イキマ（Ikima）"岛。据其海图云，イビ(Ibi)氏曾尽力探索此岛，却终未能见。又英国曾出版日本与中国台湾间之海图，亦记载为"Ikima(Doubtful)"，就其有无表示疑惑。小官此次到八重山岛，据土人云，往昔波照间岛有一村，所有村民举村搬至其南方一岛屿，虽其有无尚未判然，现将之称为南波照间岛，不疑其子孙之连绵不绝。此两岛似当他日探求。

小官奉命将鱼钓岛及另外两岛之实地踏查概略与该地略图同封谨禀钧座以便复命。顿首再拜。

明治十八年十一月四日

冲绳县五等属石泽兵吾

从鱼钓岛西南岸15海里之地远望之图

【原档】

【原样】

魚釣嶋ノ南西岸十五海里ノ地ヨリ遠望ノ圖

魚釣嶋

久塲嶋

【念法】

魚釣嶋ノ南西岸 十五海里ノ地ヨリ遠望ノ圖
うおつりじま　なんせいがんじゅうごかいり　ち　えんぼう　ず

魚釣嶋
うおつりじま

久場嶋
くばじま

【日译】

　　魚釣島の南西岸15海里の地から遠望した図

　　魚釣島

　　久場島

【中译】

从鱼钓岛西南岸15海里之地远望之图

鱼钓岛

久场岛

进呈别册鱼钓、久场及久米赤岛回航报告

【原档】

別冊魚釣、父場、久米赤島囘航報告書進達仕候也

出雲丸船長　林　鶴松

明治十八年十二月二日

沖繩縣大書記官森長義殿

【原样】

　　別冊魚釣、久塲、久米赤嶋回航報告書進達仕候也

　　出雲丸舩長

　　明治十八年十一月二日　　林鶴松

　　沖繩縣大書記官森長義殿

【念法】

<ruby>別<rt>べっ</rt>冊<rt>さつ</rt>魚<rt>う</rt>釣<rt>おつり</rt></ruby>、久塲、久米赤嶋回航報告書進達　仕　候也

出雲丸舩　長

明治十八年十一月二日　林鶴松

沖繩縣大書記官森長義殿

【日译】

沖縄県大書記官森長義殿

別冊魚釣、久場、久米赤島回航報告書を進達いたします。

明治十八〔1885〕年十一月二日

出雲丸船長　林鶴松

【中译】

　　冲绳县大书记官森长义阁下：
　　在此进呈别册鱼钓、久场及久米赤岛回航报告。

明治十八年十一月二日

出云丸号船长 林鹤松

鱼钓、久场及久米赤岛回航报告书

【原档】

魚釣、久場、久米赤島回航報告書

日本勵船會社出雲丸船長

林 鶴松

【原样】

日本郵舩會社出雲丸舩長
林鶴丸

魚釣、久塲、久米赤嶋回航報告書

【念法】

にほんゆうせんがいしゃいづもまるせんちょう
日本郵舩會社出雲丸舩　　　長

はやしつるまる
林　　鶴　丸

うおつり　くば　くめあかじまかいこうほうこくしょ
魚　　釣、久場、久米赤嶋同航報告書

【日译】

日本郵船会社出雲丸船長
林鶴丸

魚釣、久場、久米赤島回航報告書

【中译】

日本邮船公司出云丸号船长

林鹤丸

鱼钓、久场及久米赤岛回航报告书

鱼钓、久场及久米赤岛回航报告

【原档】

魚釣、久場、久米赤島回航報告書

右諸島ハ屢々外船モ抂航シ其ノ景状ハ諸海路
誌ニ詳悉セルヲ以テ今マ時ニ報告ヲ要スルモ
ノナシ請フ左ニ海路誌ノ記スル處ノ要旨ト聊
ク実地験歴セシトコロヲ挙ケン

本船ハ初メ魚釣島ノ西岸ニ航着シ其ノ沿岸三
四「ケーブル」ノ地ニ屢々測鉛ヲ試ミタルニ海底
極メテ深ク且ツ其ノ浅深一ナラス四十乃至五
十尋ニシテ更ニ投錨ス可キ地アルヲ見ス

魚釣群島ハ一島六礁ニ成リ其ノ最大ナルモノ
ハ魚釣島ニシテ六礁ハ其ノ西岸凡ソ五六里内
ニ俟列シ礁脈ノ水面下ニ連絡スルカ如ク六礁

ノ大ナルモノヲ「ピンナックル」礁ト孫シ其ノ形

状絶奇ニシテ円錐形ヲ為シ空中ニ突出セリ右

「ピンナックル」ト本島間ノ海峡ハ深サ十二三尋

ニシテ自在ニ通航スルヲ得唯潮流ノ極メテ速

カナルヲ以テ恐クハ帆船ノ能ク通過ス可キ霎

ニ非ラス

魚釣島ノ西北西岸ハ嶋岸屹立シ其ノ高サ千百

八十尺ニシテ其ノ東岸ニ傾下シ遠クヲ之ヲ

望メハ水面上ニ直角三角形ヲ為セリ本島ハ極

メテ清水ニ富ミ其ノ東岸清流ノ横流スルヲ認

メタリ海路誌ニ據レハ其ノ沿岸ニ川魚ノ住ス

ルヲ見タリト本島ハ那覇河口三重城ヲ距ル西

七度南二百三十海里ニ在リ

久場島ハ魚釣島ノ北東十六海里ニ在リ海中ニ

屹立シテ沿岸皆十六十尺ニ内外シ其ノ絶頂ハ

六百尺ナリ本島モ魚釣島ニ同シク更ニ船舶ヲ

寄泊スヘキノ地ナシ

古ニ島ハ共ニ皆十石灰石ニ成リ暖地普通樹草

ノ石間ニ茂生スルモ嘗テ育用ノ材梁ナリ其ノ

魚釣島ノ各礁ノ如キハ僅カニ海州ノ繁茂スル

ノミ更ニ樹木アルヲ見ス特ニ海島ノ群集スル

ハ各礁島極メテ彩シク魚釣島ノ如キソノ清流

ニ富ムモ其ノ地味恐ク八人住ニ適スルモノ

ニ非ラス要スルニ右諸島ハ天ノ海鳥ニ其ノ住所

ヲ賦與シタルモノト謂フモ可ナリ

本船ハ久場島ヨリ慶良間峽ニ直航セシヲ以テ

途上久米赤島ヲ認メント欲シ之ニ接航セシモ

適〻夜半之ヲ航過シ當時珠ニ曇天暗黒ニシテ

之ヲ實驗スルヲ得サリシハ誠ニ遺憾ナリ海路

誌ニ據レハ本島ハ一岩礁ニ過キスシテ其ノ位

地東至百廿四度卅四分北韋廿五度五十五分即

千那霸三重城ヲ距ル西六度南百七十海里ニシ

之ヲ西巖岸屹立シテ其ノ高サ二百七十尺遠ク

之ヲ望メハ日本形船ノ装帆セシニ異ナラスト

本島ハ外船モ屢〻之ヲ認メタルモ其ノ位地ヲ

報スル各〻異ナリ蓋シ其ノ黒潮ノ中流ニ孤立

セルヲ以テ各船皆ナ其ノ推測ヲ異ニシタルヤ

必セリ

【原样】

魚釣、久塲、久米赤嶌回航報告書

　　右諸嶋ハ屢々外舩モ往航シ其ノ景状ハ諸海路誌ニ詳悉セルヲ以テ今マ特ニ報告ヲ要スルモノナシ請フ左ニ海路誌ノ記スル處ノ要旨ト聊カ実地驗歴セシトコロヲ挙ケン

　　本舩ハ初メ魚釣島ノ西岸ニ航着シ其ノ沿岸三四「ケーブル」ノ地ニ屢々測舩ヲ試ミタルニ海底極メテ深ク且ツ其ノ浅深一ナラス四十乃至五十尋ニシテ更ニ投錨ス可キ地アルヲ見ス

　　魚釣群島ハ一島六礁ニ成リ其ノ最大ナルモノハ魚釣島ニシテ六礁ハ其ノ西岸凡ソ五六里内ニ併列シ礁脈ノ水面下ニ連続スルカ如ク六礁ノ大ナルモノヲ「ピンナックル」礁ト称シ其ノ形状絶奇ニシテ円錐形ヲ為シ空中ニ突出セリ右「ピンナックル」ト本島間ノ海峽ハ深サ十二三尋ニシテ自在ニ通航スルヲ得唯潮流ノ極メテ速カナルヲ以テ恐クハ帆船ノ能ク通過ス可キ處ニ非ラス

　　魚釣島ノ西北西岸ハ巉岸屹立シ其ノ高サ千百八十尺ニシテ漸ク其ノ東岸ニ傾下シ遠ク之ヲ望メハ水面上ニ直角三角形ヲ為セリ本島ハ極メテ清水ニ冨ミ其ノ東岸清流ノ横流スルヲ認メタリ海路誌ニ據レハ其ノ沿岸ニ川魚ノ住スルヲ見タリト本島ハ那覇河口三重域ヲ距ル西七度南二百三十海里ニ在リ

　　久塲島ハ魚釣嶋ノ北東十六海里ニ在リ海中ニ屹立シテ沿岸皆ナ六十尺ニ内外シ其ノ絶頂ハ六百尺ナリ本島モ魚釣島ニ同シク更ニ舩舶ヲ寄泊スヘキノ地ナシ右二嶋ハ共ニ皆ナ石灰石ニ成リ暖地普通樹草ノ石間ニ茂生スルモ嘗テ有用ノ材梁ナク其ノ魚釣島ノ各礁ノ如キハ僅カニ海艸ノ繁茂スルノミ更ニ樹木アルヲ見ズ特ニ海島ノ群集スルハ各礁島極メテ夥シク魚釣島ノ如キソノ清流ニ冨ムモ其ノ地味恐クハ人住ニ適スルモノニ非ラス要スルニ右諸島ハ天ノ海島ニ其ノ住所ヲ賦與シタルモノト謂フモ可ナリ本舩ハ久塲島ヨリ慶良間峽ニ直航セシヲ以テ途上久米赤島ヲ認メント欲シ之ニ接航セシモ適マ夜半之ヲ航過シ當時殊ニ曇天暗黒ニシテ之ヲ実驗スルヲ得サリシハ誠ニ遺憾ナリ海路

誌ニ據レハ本島ハ一岩礁ニ過キスシテ其ノ位地東圣百廿四度世四分北韋廿五
度五十五分即チ那覇三重域ヲ距ル西六度南百七十海里ニシテ四百巉岸屹立シ
テ其ノ高サ二百七十尺遠ク之ヲ望メハ日本形舩ノ装帆セシニ異ナラスト本嶋
ハ外舩モ屢々之ヲ認メタルモ其ノ位地ヲ報スル各々異ナリ蓋シ其ノ黒潮ノ_{クロシホ}
中流ニ孤立セルヲ以テ各舩皆ナ其ノ推測ヲ異ニシタルヤ必セリ

【念法】

魚釣、久塲、久米赤嶌囘航報告書

右諸嶋ハ屢々外舩モ往航シ其ノ景状ハ諸海路誌ニ詳悉セルヲ以

テ今マ特ニ報告ヲ要スルモノナシ請フ左ニ海路誌ノ記スル處ノ要旨ト

聊カ實地驗歷セシトコロヲ舉ケン

本舩ハ初メ魚釣島ノ西岸ニ航着シ其ノ沿岸三四「ケーブル」ノ地

ニ屢々測舩ヲ試ミタルニ海底極メテ深ク且ッ其ノ淺深一ナラス四十

乃至五十尋ニシテ更ニ投錨ス可キ地アルヲ見ス

魚釣群島ハ一島六礁ニ成リ其ノ最大ナルモノハ魚釣島ニシテ六

礁ハ其ノ西岸凡ソ五六里内ニ併列シ礁脈ノ水面下ニ連續スルカ如

ク六礁ノ大ナルモノヲ「ピンナックル」礁ト稱シ其ノ形狀絕奇ニシ

テ円錐形ヲ為シ空中ニ突出セリ右「ピンナックル」ト本島間ノ海峽

ハ深サ十二三尋ニシテ自在ニ通航スルヲ得唯潮流ノ極メテ速カナ

ルヲ以テ恐クハ帆船ノ能ク通過ス可キ處ニ非ラス

魚釣島ノ西北西岸ハ巉岸屹立シ其ノ高サ千百八十尺ニシテ漸

ク其ノ東岸ニ傾下シ遠ク之ヲ望メハ水面上ニ直角三角形ヲ為セリ本

島ハ極メテ清水ニ冨ミ其ノ東岸清流ノ横流スルヲ認メタリ海路誌ニ

據レハ其ノ沿岸ニ川魚ノ住スルヲ見タリト本島ハ那覇河口三重域ヲ

距ル西七度南二百三十海里ニ在リ

久場島ハ魚釣嶋ノ北東十六海里ニ在リ海中ニ屹立シテ沿岸皆ナ

六十尺ニ内外シ其ノ絶頂ハ六百尺ナリ本島モ魚釣島ニ同シク更

ニ舩舶ヲ寄泊スヘキノ地ナシ

右二嶋ハ共ニ皆ナ石灰石ニ成リ暖地普通樹草ノ石間ニ茂生スルモ

嘗テ有用ノ材梁ナク其ノ魚釣島ノ各礁ノ如キハ僅カニ海艸ノ繁茂ス

ルノミ更ニ樹木アルヲ見ズ特ニ海島(鳥(ちょう))?ノ群集スルハ各礁島

極メテ夥シク魚釣島ノ如キソノ清流ニ冨ムモ其ノ地味恐クハ人住

ニ適スルモノニ非ラス要スルニ右諸島ハ天ノ海島(鳥(ちょう))?ニ其ノ住

所ヲ賦與シタルモノト謂フモ可ナリ

本舩ハ久場島ヨリ慶良間峽ニ直航セシヲ以テ途上久米赤島ヲ認

メント欲シ之ニ接航セシモ適マ夜半之ヲ航過シ當時殊ニ曇天暗黒ニシ

テ之ヲ實驗スルヲ得

サリシハ誠ニ遺憾ナリ海路誌ニ據レハ本島ハ一岩礁ニ過キスシテ

其ノ位地東經百廿四度卅四分北緯廿五度五十五分即チ那

覇三重域ヲ距ル西六度南百七十海里ニシテ四百巉岸屹立シテ其

ノ高サ二百七十尺遠ク之ヲ望メハ日本形舩ノ装帆セシニ異ナラスト

本嶋ハ外舩モ屢々之ヲ認メタルモ其ノ位地ヲ報スル各々異ナリ蓋シ其

ノ黒潮ノ中 流 ニ孤立セルヲ以テ各舩皆ナ其ノ推測ヲ異ニシタルヤ必

セリ

【日译】

魚釣、久場、久米赤島回航報告書

　　右諸島はしばしば外船も往航し、その状況は諸海路誌に詳しく述べられているため、今特に報告を必要とするものはありません。左に、海路誌に記されていることの要旨と、実地探測を若干行った点について述べさせていただきます。

　　本船は当初、魚釣島の西岸に航着しその沿岸三四ケーブルの場所で、しばしば測深を試みたところ、海底極めて深く、しかもその深さは一定しておらず、四十ないし五十尋であり、しかも投錨可能な場所を見つけることができませんでした。

　　魚釣群島は一島六礁からなり、その最大のものは魚釣島であり、六つの礁は、魚釣島の西岸約五六里以内に並列しており、礁脈がおそらくは水面下で連続しているようです。六つの礁のうち大きいものは「ピンナックル」礁と称され、その形状は絶奇であり、円錐形をなし空中に突出しております。この「ピンナックル」と本島との間の海峡は深さが12～13尋あり自在に通航することができます。ただ、潮流が極めて速いため、恐らくは帆船が通過すべきところではございません。

　　魚釣島の西北西岸は巉岸屹立し、その高さは1180尺あり、少しずつ東岸ニ向かって下向きに傾斜しており、遠くからこれを望めば、水面上に直角三角形をなしております。本島は極めて清水に富み、その東岸には清流が横流するのを確認しました。海路誌によれば、その沿岸に川魚が棲むのを見たとあります。本島は那覇河口三重域から西7度南230海里のところにあります。

　　久場島は魚釣島の北東16海里のところあります。海中に屹立して沿岸皆60尺に内外し、その絶頂は600尺あります。久場島も魚釣島と同じく、さらに船舶を寄泊させられる場所がありません。右二島はともに全て石灰石から出来ており、暖地では普通、樹草が石間に茂生しますが、今まで有用の木材は

なく、例えば魚釣島の各礁にはわずかに海草が繁茂するのみで、さらに樹木
があるのを見たことがありません。特に海鳥が群衆するのは各礁島きわめて
夥しく、たとえば魚釣島は清流に富んではいても、その地味が恐くは人間の
居住に適するものではなく、要するに右諸島は天が海鳥にその住所を賦與し
たものということもできます。

　本船は久場島から慶良間峡に直航した際に、途上久米赤島を確認しよ
うとし、これに接航したのですが、たまたま夜中に久米赤島付近を通過し、
そのとき天気は非常に曇り、真っ暗であり、この島を実験することができま
せんでした。これは真に残念でした。海路誌によれば、本島は一岩礁に過ぎ
ず、その位置は、東経124度34分北緯25度55分、すなわち那覇三重域より西6
度、南170海里あり、四百の巉岸が屹立し、その高さは270尺、遠くよりこれ
を望めば、日本型の船が装帆したのと違いはないとのことです。本島は外国
船にもしばしば確認されておりますが、その位置を報告する場合、内容に異
同があります。これは、この島が黒潮（クロシホ）の中流に孤立しているために、各船が
みな異なる推測をしたためです。

【中译】

鱼钓、久场及久米赤岛回航报告

上述诸岛屡屡往来外国船只，其景象在诸海路志中有详细记载，今无须更多报告。小官如下欲举海路志所记之要旨，及若干实地勘察之结果。

本船初抵鱼钓岛西岸之时，于离沿岸三四（ケーブル）链之地屡屡尝试勘量，海底甚深，且深浅不一，40乃至50寻，且未见有可下锚之地。

鱼钓群岛由一岛六礁组成，最大者为鱼钓岛，六礁俱列在该岛西岸五六里内，礁脉恐连绵于水面之下。六礁中最大者称曰「ピンナックル」(pinnacle)礁，形状奇绝，呈圆锥状，突出空中。此「ピンナックル」(pinnacle)与本岛间之海峡有十二三寻之深，通航自由，唯以潮流甚速，恐非帆船能通过之处也。

鱼钓岛西北之海岸，巉岸屹立，其高1180尺，逐渐向东岸倾下，如远望之，则于水面之上呈直角三角形状。本岛极富清水，东岸有清水横流。据海路志，其沿岸见有河鱼栖息。本岛位于那霸河口三重域以西七度以南230海里处。

久场岛在鱼钓岛东北16海里处，屹立海中，沿岸皆约60尺，其绝顶600尺。本岛同于鱼钓岛，且无可泊船舶之地。此两岛一律由白石组成，暖地虽多树草茂生石间，然从无可用之材，如鱼钓岛各礁仅有海草繁茂而已，未再见有其他树木。尤各礁岛极多海鸟群集，如鱼钓岛虽富清流，其土性却恐不适于居住，总之此群岛可谓天赋海鸟之居所也。

本船自久场岛直航庆良间峡之时，虽小官途中欲认久米赤岛而接近之，然路过之时恰值夜半，当时云天黑暗殊甚，不得付之实践，甚为遗憾。据海路志称，本岛仅为一岩礁，其位置为东经124°34'，北纬25°55'分，即在那霸三重城以西6°以南170海里处，四百（周）巉岸屹立，其高270尺，如远望之，形状无异于日本船之装帆。本岛被外国船只屡屡发现，其位置之报告各有不同，盖以该群岛孤立于黑潮之中，各船推测恐均有出入。

秘第260号（内）——关于鱼钓岛矿石之报告

【原档】

秘第二六〇号内

乙四一〇号

太政大臣公爵三條實美殿

明治六年三月十六日 内務卿伯爵山縣有朋

魚釣島鑛石之儀ニ付内申

沖繩縣下魚釣嶋鑛石分拆成績書并縣令西村捨三ヨリ差出候間為御参考書類相添及内申候也

【原样】

　　秘才二六〇号ノ内
　　魚釣島鑛石之儀ニ付内申
　　沖繩縣下魚釣嶋鑛石分拆成績書該縣令西村捨三ヨリ差出候間為御參考書類相添及内申候也
　　明治十八年十二月十六日　　内務卿伯爵山縣有朋　印
　　太政大臣公爵三條實美殿

【念法】

秘第 二 六 〇 號ノ内

魚 釣 島 鑛 石 之 儀 二 付 内 申

沖 繩 縣 下 魚 釣 島 鑛 石 分 拆 成 績 書 該 縣 令 西 村 捨 三 ヨリ 差 出　　候

間　為 御 參 考 書

類 相 添 及 内 申 候 也

明 治 十 八 年 十 二 月 十 六 日　内 務 卿 伯 爵 山 縣 有 朋　　印

太 政 大 臣 公 爵 三 條 實 美 殿

【日译】

秘第260号ノ内

魚釣島鉱石の件に関する内申

太政大臣公爵三条実美殿

沖縄県下魚釣島の鉱石分析結果が、該県令西村捨三より提出されてきましたので、御参考のため、書類を添えて内申致します。

明治十八年十二月十六日

内務卿伯爵山縣有朋　印

【中译】

秘第260号（内）

关于鱼钓岛矿石之报告

太政大臣公爵三条实美阁下：

由冲绳县令西村捨三呈上该县所辖鱼钓岛矿石之分析报告，为参考而见附上相关文件，特此私下报告。

明治十八年十二月十六日

内务卿伯爵山县有朋（印章）

第407号——关于鱼钓岛矿石之报告

【原档】

第四百七號

魚釣島鑛石之義ニ付上申

本月五日付ヲ以テ魚釣島外二島取調之義ニ付及

上申候付属書類復命書中ニ煤炭又ハ鐵鑛無之哉

云ニ疑團申述其後金石學者本縣三等教諭小

林義忠ヲシテ分拆セシメ候處別紙ノ通製鐵用ニ

足ルヘキ吉ノ成績書ヲ添上申致候古ハ素ヨリ細密ノ

試驗ニハ無之候得共先其定性ヲ認シ得ラレ候

義ト存候間不取敢書類相添為御參考更ニ武段

上申候也

明治十八年十二月廿一日

沖繩縣令西村捨三

内務卿伯爵山縣有朋殿

【原样】

第四百七號

魚釣島鑛石之義二付上申

本月五日付ヲ以テ魚釣島外二島取調之義二付及上申候付属書類復命書中二煤炭又ハ鉄鑛無之哉云々疑團申述其後金石學者本縣三等教諭小林義忠ヲシテ分拆セシメ候處別紙ノ通製鉄用二足ルヘキ旨ノ成績書ヲ添上申致候右ハ素ヨリ細密ノ試驗二ハ無之候得共先其定性ヲ認知シ得ラレ候義ト存候間不取敢書類相添為御参考更二此段上申候也

明治十八年十一月廿一日　沖繩縣令西村捨三

内務卿伯爵山縣有朋殿

【念法】

第四百七號

魚釣島鑛石之義ニ付上申

本月五日付ヲ以テ魚釣島外二島取調之義ニ付及上申候付

屬書類復命書中ニ煤炭又ハ鐵鑛無之哉云々疑團申述其後金石學

者本縣三等教諭小林義忠ヲシテ分拆セシメ候處別紙ノ通製鐵

用ニ足ルヘキ旨ノ成績書ヲ添上申致候右ハ素ヨリ細密ノ試驗ニハ

無之候得共先其定性ヲ認知シ得ラレ候義ト存候間不取敢書

類相添爲御參考更ニ此段上申候也

明治十八年十一月廿一日　沖繩縣令西村捨三

内務卿伯爵山縣有朋殿

【日译】

第四〇七号

魚釣島鉱石の件に関する上申

内務卿伯爵山県有朋殿：

本月五日付けで、魚釣島及び他二島を調査した件につき、上申するに至りました附属書類復命書の中で、石炭あるいは鉄鋼が無いかといった疑いを申し述べました。その後、金石学者で本県三等教諭の小林義忠に分析させ、別紙のように、製鉄に用いることができる旨の成績書を添えて上申してまいりました。これはもとより精密なテストではございません。しかし、まずその定性を確認することができるものと思われますので、とりあえずは書類を添えて、御参考のためにさらにここで上申するものであります。

明治十八年十一月二十一日
沖縄県令西村捨三

【中译】

第407号

关于鱼钓岛矿石之报告

内务卿伯爵山县有朋阁下：

关于鱼钓岛及另外两岛，本月5日下官已经呈上调查报告。于附属文件之复命书中，下官就有无煤炭或铁矿此事曾提怀疑。然后下官令金石学者本县三等教师小林义忠分析，旋接到报告，附件便是。据云，可用以制铁。此试验虽素不细密，却可谓先认知其定性。因而，附上有关文件，在此再度报告，以备钧台参考。

明治十八年十一月二十一日
冲绳县令西村捨三

关于鱼钓岛矿石之调查

【原档】

魚釣島鑛石ノ義ニ付上申

本月四日付ヲ以テ魚釣島外二島視察取調概略

呈上仕候文中魚釣島石層組織ニ就キ煤炭或ハ

鉄鑛ヲ含畜セサル于ノ疑ナキニアラサルヲ以テ

二三ノ石類ヲ携帯シ簡單ノ説明ヲ附シ以テ御

参考ニ供シタリキ然レ圧素ヨリ数時間ノ視察

ニ止ルヲ以テ充分ノ踏査ヲ為ス能ハス随テ蛍

帯ノ石数モ只々其参考ニ供スルヲ得ヘキニ止

マタリシカ第二トナレ説明ヲ附シタルモノ

三二個ヲ得タルヲ以テ御参考ニ供シ其筋ヘ御

送付相成候外ノ一ヲ以テ本縣三等教諭小林義忠ニ交

付シ化學上ノ試験ヲ嘱托セシニ教諭ハ直ニ之

ヲ分析シ以テ別紙ノ通其成績書ヲ送付セリ是

ニ依テ考フルニ該鑛ハ酸化鉄ニシテ製鉄用ニ足

ル事ハ判然ナレ𪜈視察ノ時限短少ナルヲ以テ

其鑛脈ノ大小ヲ確定スルコ能ハス蓋シ大層ノ

存在セルハ疑ヲ容レコルナリ願クハ他日更ニ

御取調相成可然ト奉存候依テ不取敢此段及上

申候也

明治十六年十二月廿日

沖縄県五等属石澤兵吾

沖縄県令西村捨三代理

沖縄県大書記官森長義殿

拜啓陳ハ昨日御依頼ニ相成候礦石本日試驗致

シ候処酸化鉄ニシ製鉄用ニ供スルニ足ルモノ

ナルノ成績ヲ得候間別紙成績書御廻シ申上候

委曲ハ後刻拜眉ノ上萬縷仕可ク候早々

十三日　　　　　　　小林拜

石澤学兄

【原样】

魚釣島鑛石之義二付上申

　　本月四日付ヲ以テ魚釣島外二島視察取調概略呈上仕候文中魚釣島石層組織二就キ煤炭或ハ鉄鑛ヲ含蓄セサル乎ノ疑ナキニアラサルヲ以テ二三ノ石類ヲ携帯シ簡単ノ説明ヲ附シ以テ御參考二供シタリキ然レトモ素ヨリ数時間ノ視察二止ルヲ以テ充分ノ踏査ヲ為ス能ハス随テ携帯ノ石数モ只々其參考二供スルヲ得ヘキニ止メタリシカ第二トナシ説明ヲ附シタルモノノミ二個ヲ得タルヲ以テ御參考二供シ其筋ヘ御送付相成候外ノ一ヲ本縣三等教諭小林義忠二交付シ科學上ノ試験ヲ嘱托セシニ教諭ハ直二之ヲ分拆シ以テ別紙ノ通其成績書ヲ送付セリ是二依テ考フルニ該鑛ハ酸化鉄ニシテ製鉄用二足ル事ハ判然ナレトモ視察ノ時限短少ナルヲ以テ其鑛脈ノ大小ヲ確定スルコト能ハス蓋シ大層ノ存在セルハ疑ヲ容レサルナリ願クハ他日更二御取調相成可然ト奉存候依テ不取敢此段及上申候也

　　　　　　　　明治十八年十一月廿日　沖繩縣五等属石澤兵吾
　　　　　　　　　　　　　　　　　沖繩縣令西村捨三代理
　　　　　　　　　　　　　　　　　沖繩縣大書記官森長義殿

【念法】

魚釣島鑛石之義二付上申

本月四日付ヲ以テ魚釣島外二島視察取調概略呈上仕候

文中魚釣島石層組織二就キ煤炭或ハ鐵鑛ヲ含蓄セサル乎ノ疑ナ

キニアラサルヲ以テ二三ノ石類ヲ攜帶シ簡單ノ説明ヲ附シ以テ御參考二

供シタリキ然レトモ素ヨリ數時間ノ視察二止ルヲ以テ充分ノ踏査ヲ

為ス能ハス隨テ攜帶ノ石數モ只々其參考二供スルヲ得ヘキニ止メタリ

シカ第二トナシ説明ヲ附シタルモノノミ二個ヲ得タルヲ以テ御參考二供シ

其筋へ御送付相成候外ノ一ヲ本縣三等教諭小林義忠二交付シ科

學上ノ試驗ヲ囑託セシニ教諭ハ直二之ヲ分拆シ以テ別紙ノ通其成

績書ヲ送付セリ是二依テ考フルニ該鑛ハ酸化鐵ニシテ製鐵用二足ル事

ハ判然ナレトモ視察ノ時限短少ナルヲ以テ其鑛脈ノ大小ヲ確定スル

コト能ハス蓋シ大層ノ存在セルハ疑ヲ容レサルナリ願クハ他日更二御

取調相成可然ト奉存候依テ不取敢此段及上申候也

明治十八年十一月廿日　沖繩縣五等屬石澤兵吾

沖繩縣令西村捨三代理

沖繩縣大書記官森長義殿

【日译】

魚釣島の鉱石の件に関する上申

沖縄県令西村捨三代理:

沖縄県大書記官森長義殿:

　本月四日付けを以て、魚釣島ほか二島の視察及び取調べの概略を提出させていただきます。魚釣島の石層組織に石炭や鉄鋼が含まれているのではないかという疑いが無いわけではないため、御参考のために、二三の石類を携え、文中にて簡単に説明を加えました。しかしながら、もともと数時間の視察に過ぎなかったので、充分に踏査を行うことができませんでした。持って帰った石のうち、ただ参考に供しうるに止まるものを第二として、説明を加えただけのそうした石を二個入手しましたので、御参考のため関係者へ送付することになりました。他の一つを本県三等教諭小林義忠に渡し、科学的なテストを嘱託したところ、教諭はただちにこれを分析した上で、別紙のような成績書ヲ送ってきました。これより考察いたしますに、本鉱石は酸化鉄にして、製鉄用に使えることは判然としておりますが、視察の時間が短かったために、その鉱脈の大小を確定することができません。そもそも大層が存在しているのは疑い得ないものであります。願わくば、他日さらに御調査が執り行われますべきかと存じます。ここでとりあえず以上のことを上申いたします。

明治十八年十一月廿日

沖繩縣五等屬石澤兵吾

【中译】

关于鱼钓岛矿石之报告

冲绳县令西村捨三代理、冲绳县大书记官森长义阁下：

关于鱼钓岛及另外两岛事宜，本月四日，下官呈上考察概略。因石层组织原来有疑是否含有煤炭或铁矿，小官此次携带若干石类，亦附上简单说明以便贵处参考。然而，考察时间仅仅几个小时，未能进行充分勘查，因此携带之石中有两个石头只能用以参考，将其定为第二，附上解释，已经寄至相关部门。另外还有一个石头，小官嘱托本县三等教谕小林义忠对此进行科学试验，现已接到另纸直接分拆之成绩报告。按之，该矿为氧化铁，足以炼铁。虽此事属一目判然之事，然考察时间却短，无法确定矿脉大小。盖此地大层矿脉之有为不容怀疑之事，希望他日再有考察。特此报告目前状况。

明治十八年十一月二十日

冲绳县五等属石泽兵吾

金石试验成绩（仅对暗灰色外表之金石进行试验）

【原档】

金石試験成績但シ外面暗灰色ナルモノ

乾道試験即チ前試験

（1）上昇管中ニ熱スルニ香悪ナレ是硫黄等ノ押
発物ヲ含畜セザルノ微ナリ

（2）木炭上ニ熱スルニ変状ナリ冷後黒変ス是鉄
等ノ存在ヲ証スルモノナリ

（3）白金録端ニ造レル硼砂球ニ塗抹ノ酒精燈外
熖ニ熱スルニ黄色トナリ内熖ニラ熱スルニ
黄緑色ヲ呈ス是鉄ノ存在ヲ豫報スルモノナ
リ

湿道試験即チ本試験
試物ヲ細末ノ是ニ汞ヲ注キ火ニ上セテ熱ス
ルニ漸次溶解シ少量ノ白色ナル不溶解物ヲ

残滴ス是ニ於テ溶解分ト不溶解分トヲ區別

シ試驗スルコト左ノ如シ

甲（溶解分）．

（1）其一分ニ塩酸ヲ注キ酸性トナシ硫化水素尾

斯ヲ通スルニ變化ナシ是レ銅汞鉛錫苔鉛黄

金白金等ヲ含マザルノ徴ナリ

（2）其一分ニ「アンモニヤ」塩化「アンモニヤ」及ヒ硫

化「アンモニユーム」ヲ注クニ黒變ス是レ鉄等ノ存

左ヲ征スルモノナリ

鉄ノ存在ハ前試驗ニ於テ豫知スル所ナレハ

炎ニ於テ確定試驗ヲ行ハンク当ノ黄血塩液

ヲ注ケハ青色ナル沈澱即チ「ベレンスレフ」ヲ生シ

硫「シヤン」酸加里ヲ注ケハ血色ヲ顕ス是レ鉄、

ノ確証ナリ

其他種々ノ試験ヲ施スト雖圧他ノ金属ヲ撿

出ロズ

乙（不溶解分）

此物ハ白色ニラ且ツ外観甚タ硅酸ニ類似セル

ヲ以テ其硅酸ナラント予知シ燐塩球ニ附

ケ酒精燈ニテ熱スルニ彼ノ硅酸ノ骨ナルモ

ノヲ生ズ是硅酸ノ証ナリ其他種々ノ試験ヲ

行フニ皆硅酸タルノ記ヲ呈セリ

前ノ結果ニヨレバ試物ハ鉄ト硅酸トヨリ成ル

モノナリ而ノ鉄ハ元素ノ形状ヲナシテ大氣中

ニ存在スル能ハザルモノナレバ此鉄ハ酸素ト

仕合セルモノニシテ酸化鉄ト称スベキモノニ硅

酸ノ五量ヲ混在スルモノナリ

古ノ酸化鉄ハ百分ノ中七十二ノ鉄分ヲ含畜シ製

鉄用ノ最上ノ鑛物ナリ然レ圧手術中ノ損失ト

硅酸ヲ含畜スルトノ二点ヨリ推測スルニハ此

鉄物百目ヲ以テセハハ杏凡リ五十目ノ鉄ヲ得ベ

レ

古ハ元ヨリ草卒ノ試験ノ結果ナレハ未タ以テ

完全ト云フベカラズ尚他日荒分ナル試験ヲ施

シ成績ヲ報スルコマルベレ

【原样】

金石試験成績但シ外面暗灰色ナルモノ

乾道試験即チ前試験

（1）上昇管中ニ熱スルニ香息ナシ是硫黄等ノ揮発物ヲ含蓄セサルノ徵ナリ

（2）木炭上ニ熱スルニ変状ナク冷後黒変ス是鉄等ノ存在ヲ証スルモノナリ

（3）白金線端ニ造レル硼砂球ニ塗抹シテ酒精燈外焔ニ熱スルニ黄色トナリ内焔ニテ熱スルニ黄緑色ヲ呈ス是鉄ノ存在ヲ豫報スルモノナリ

湿道試験即チ本試験

試物ヲ細末シテ是ニ汞ヲ注キ火ニ上セテ熱スルニ漸次溶解シ少量ノ白色ナル不溶解物ヲ残留ス是ニ於テ溶解分ト不溶解分トヲ區別シ試験スル事左ノ如シ

甲（溶解分）

（1）其一分ニ塩酸ヲ注キ酸性トナシ硫化水素瓦斯ヲ通スルニ変化ナシ是レ銅汞鉛錫蒼鉛黄金白金等ヲ含マザルノ徵ナリ

（2）其一分ニ「アンモニヤ」塩化「アンモニヤ」及ヒ硫化「アモニユーウ」ヲ注クニ黒変ス是レ

鉄等ノ存在ヲ証スルモノナリ鉄ノ存在ハ前試験ニ於テ豫知スル所ナレハ爰ニ於テ確定試験ヲ行ハンガ為メ黄血塩液ヲ注ケハ青色ナル沈殿即チ「ベレンス」ヲ生シ硫「シヤン」酸加里ヲ注ケバ血色ヲ顕ス是レ鉄ノ確証ナリ

其他種々ノ試験ヲ施スト雖トモ他ノ金属ヲ檢出セズ

乙（不溶解分）

此物ハ白色ニテ且ツ概觀甚タ硅酸ニ類似セルヲ以テ其硅酸ナラン事ヲ豫知シ燐塩球ニ附ケ酒精燈ニテ熱スルニ彼ノ硅酸ノ骨ナルモノヲ生ズ是硅酸ノ証ナリ其他種々ノ試験ヲ行フニ皆硅酸タルノ証ヲ呈セリ

　前ノ結末ニヨレバ試物ハ鉄ト硅酸トヨリ成ルモノナリ而シテ鉄ハ元素ノ形状ヲナシテ大氣中ニ存在スル能ハザルモノナレバ此鉄ハ酸素ト仕合セルモノニシテ酸化鉄ト称スベキモノニ硅酸ノ五量ヲ混在スルモノナリ

　右ノ酸化鉄ハ百分中七十二ノ鉄分ヲ含畜シ製鉄用ノ最上ノ鑛物ナリ然レトモ手術中ノ損失ト硅酸ヲ含畜スルトノ二点ヨリ推測スルトキハ此鉄物百目ヲ以テセバ大凡ソ五十目ノ鉄ヲ得ベシ

　右ハ元ヨリ草卒ノ試験ノ結果ナレハ未タ以テ完全ト云フベカラズ尚他日充分ナル試験ヲ施シ成績ヲ報スル事アルベシ

【念法】

金石試驗成績但シ外面暗灰色ナルモノ

乾道試驗即チ前試驗

（1）上昇管中ニ熱スルニ香息ナシ是硫黄等ノ揮發物ヲ含蓄セサルノ徵ナリ

（2）木炭上ニ熱スルニ變狀ナク冷後黑變ス是鐵等ノ存在ヲ証スルモノナリ

（3）白金線端ニ造レル硼砂球ニ塗抹シテ酒精燈外焰ニ熱スルニ黃色トナリ内焰ニテ熱スルニ黃綠色ヲ呈ス是鐵ノ存在ヲ豫報スルモノナリ

濕道試驗即チ本試驗

試物ヲ細末シテ是ニ汞ヲ注キ火ニ上セテ熱スルニ漸次溶解シ少量ノ白色ナル不溶解物ヲ殘留ス是ニ於テ溶解分ト不溶解分トヲ區別シ試驗スル事左ノ如シ

甲（溶解分）

（1）其一分ニ鹽酸ヲ注キ酸性トナシ硫化水素瓦斯ヲ通スルニ變化ナシ是レ銅汞鉛錫蒼鉛黃金白金等ヲ含マザルノ徵ナリ

（2）其一分ニ「アンモニヤ」鹽化「アンモニヤ」及ヒ硫化「アモニユーウ」ヲ注クニ黑變ス是レ鐵等ノ存在ヲ證スルモノナリ

鐵ノ存在ハ前試驗ニ於テ豫知スル所ナレハ爰ニ於テ確定試驗ヲ行ハンガ為メ黃血鹽液ヲ注ケハ青色ナル沈殿即チ「ベレンス」ヲ生シ硫「シヤン」酸加里ヲ注ケバ血色ヲ顯ス是レ鐵ノ確證ナリ

其他種々ノ試驗ヲ施スト雖トモ他ノ金屬ヲ檢出セズ

乙（不溶解分）

此物ハ白色ニテ且ツ概觀甚タ硅酸ニ類似セルヲ以テ其硅酸ナラン事ヲ豫知シ燐鹽球ニ附ケ酒精燈ニテ熱スルニ彼ノ硅酸ノ骨ナルモノヲ生ズ是硅酸ノ證ナリ其他種々ノ試驗ヲ行フニ皆硅酸タルノ證ヲ呈セリ

前ノ結末ニヨレバ試物ハ鐵ト硅酸トヨリ成ルモノナリ而シテ鐵ハ元素ノ形狀ヲナシテ大氣中ニ存在スル能ハザルモノナレバ此鐵ハ酸素ト仕合セルモノニシテ酸化鐵ト稱スベキモノニ硅酸ノ五量ヲ混在スルモノナリ右ノ酸化鐵ハ百分中七十二ノ鐵分ヲ含畜シ製鐵用ノ最上ノ鑛物ナリ然レトモ手術中ノ損失ト硅酸ヲ含畜スルトノ二點ヨリ推測スルトキハ此鐵物百目ヲ以テセバ大凡ソ五十目ノ鐵ヲ得ベシ

右ハ元ヨリ草卒ノ試驗ノ結果ナレハ未タ以テ完全ト云フベカラズ尚他日充分ナル試驗ヲ施シ成績ヲ報スル事アルベシ

【日译】

金石実験の結果（ただし、表面が暗灰色のもの）

乾道実験（すなわち前実験）

（1）上昇管中で熱したところ、匂いはありませんでした。これは硫黄などの揮発物を含んでいない徴候であります。

（2）木炭の上で熱したところ、変化はありませんでした。温度が冷めた後、黒く変化しました。これは鉄などの存在を証明するものです。

（3）白金の線の先端に作った硼砂球に塗りつけ、アルコールランプの外焔で熱したところ黄色に変化し、内焔で熱したところ黄緑色になりました。これは鉄の存在を予報するものです。

湿道実験（すなわち本試験）

試物を細かく砕いてこれに水銀を注ぎ火の上で熱したところ、少しずつ溶けはじめ、少量の白い不溶解物が残りました。そこで、溶解した部分と溶解しなかった部分とを分けて、左のように実験しました。

甲（溶解分）

（1）一部に塩酸を注ぎ、酸性としてから硫化水素ガスを通したところ、変化がありませんでした。これは、銅や水銀、鉛、錫、蒼鉛、黄金、白金などを含まない徴候であります。

（2）一部にアンモニアや塩化アンモニウム、硫化アンモニウムを注いだところ、黒く変化しました。これは鉄などの存在を証明するものであります。

鉄の存在は前実験において予知いたしましたので、ここで確定実験を行うために、黄血塩液を注げば、青色の沈殿物、すなわちベレンスを生じました。そして硫酸カリを注いだところ、血色がはっきりと現れました。これは鉄の存在を確証しております。

その他種々の実験を行いましたが、他の金属は検出されませんでした。

乙（不溶解分）

　これは白色をしており、しかも概観が珪酸にとても似ているため、おそらくは珪酸であろうことを予知し、燐塩球につけたうえでアルコールランプで熱したところ、珪酸の骨なるものが現れました。これは珪酸の証拠です。その他種々の実験を行いましたが、みな珪酸である証拠を示しました。

　先の結果に従えば、この実験対象は鉄と珪酸とからなっているものでございます。そして鉄は元素という形をとり、大気中に存在することができません。それゆえ、この鉄は酸素と結合したものであり、酸化鉄と呼ぶべきものであって、珪酸の五量を混ぜ合わせたものでございます。

　右の酸化鉄は七二パーセントの鉄分を含み、製鉄用の最上の鉱物です。しかしながら、実験過程での損失と、珪酸を含んでいることの二点より推測すれば、この鉱物は百目中五十目の鉄を得られるはずです。

　以上はもとより慌ただしく行われた実験の結果なので、まだ完全なものとはいえません。なお、他日十分な実験を行い、その成果が報告されるべきであります。

【中译】

金石实验成绩（仅对暗灰色外表之金石进行实验）

干道实验（即前实验）

（1）将此金石加热于上升管中，即无香味。此为不含硫磺等挥发物之征候也。

（2）将此金石加热于木炭上，即无变状，降温后乃呈黑色。此证明含铁也。

（3）于白金线端上挂以硼砂球，将此金石涂于此球上，以酒精灯外焰进行加热实验，即呈黄色，而以内焰则黄绿色。此为预报含铁之征验也。

湿道实验（即本实验）

将此金石碎为粉末，对此注汞，旋加热于火上。然后此物渐次溶解，亦残留尚未溶解之白色物质。于是将溶解物与不溶解物分别进行如下实验。

甲（溶解试物）

（1）对一部分浇洒盐酸，将它改为酸性，使得通过硫化水素中，却无变化。此为不含铜、汞、铅、锡、苍铅、黄金与白金等之征候也。

（2）对一部分浇洒氨、氯化铵与硫化铵，然后呈黑色，此为含蓄铁等之征验也。由前实验预知含铁，此次为确定其真伪而浇洒黄血塩液进行实验，结果发生蓝色沉淀物，即普鲁士蓝。又浇洒硫酸钾，即呈血色，此为含铁之确证也。除此之外，亦进行其他种种实验，却无查出其他金属。

乙（不溶解物）

此物呈白色，且概观甚似硅酸，因此预知其为硅酸，先将其与磷盐球相黏合，以酒精灯加热，即发生所谓"硅酸之骨"，此证明为硅酸也。同时进行其他种种实验，亦皆呈出其为硅酸之证也。

按上次结果，试物由铁与硅酸组成，而铁由元素形状形成，不能存在于大气中，从而此铁似与氧相结合，应说对氧化铁加以五量硅酸也。

以上氧化铁中铁之比率为百分之七十二，可说是对炼铁最好之矿物。然根

据实验过程中之损失与硅酸之含蓄进行推测，此铁以百目算，则从试物中可得五十目。

上述分析为从仓促实验中所得出之结果，未能评为完全，有待他日实施充分实验以便汇报其成绩也。

外务省外交史料馆藏

《冲绳县久米赤岛、久场岛、鱼钓岛国标建设之件》

（沖縄県久米赤島、久場島、魚釣島ヘ国標建設ノ件 明治十八年
十月）

档案号：B03041152300

《冲绳县久米赤岛、久场岛、鱼钓岛

国标建设之件》

关于将国标建设于冲绳县久米赤岛、久场岛、鱼钓岛事宜

【原档】

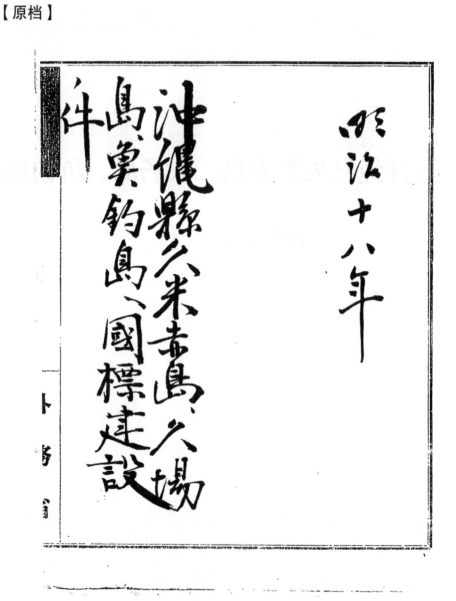

【原样】

明治十八年

沖繩縣久米赤島久場島魚釣島ヘ國標建設ノ件

【念法】

めい　じ　じゅうはちねん
明治十八年

おきなわけん　く　め　あかじま　く　ば　じまうおつりじま　こくひょうけんせつ　けん
沖縄縣久米赤島久場島魚釣島へ國標建設ノ件

【日译】

明治十八年

沖縄県の久米赤島・久場島・魚釣島における国標建設の件

【中译】

明治十八年

关于将国标建设于冲绳县久米赤岛、久场岛、鱼钓岛事宜

关于将国标建设于久米赤岛、久场岛、鱼钓岛事宜

【原档】

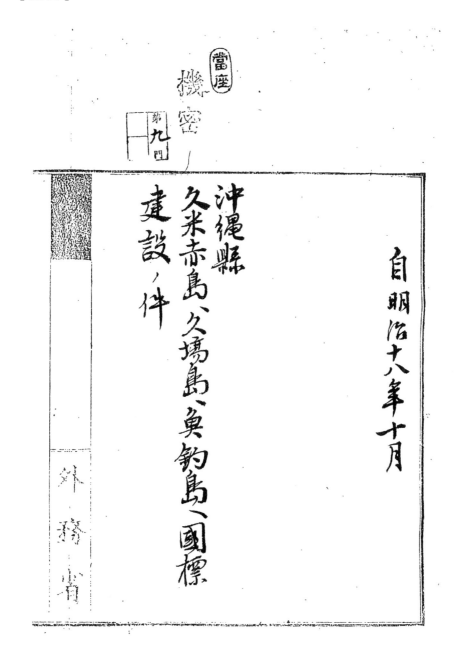

【原样】

自明治十八年十月

沖繩縣
久米赤島、久塲島、魚釣島ヘ國標建設ノ件

【念法】

自<ruby>明治十八年十月<rt>めいじじゅうはちねんじゅうがつより</rt></ruby>

<ruby>沖繩縣<rt>おきなわけん</rt></ruby>

<ruby>久米赤島<rt>くめあかじま</rt></ruby>、<ruby>久塲島<rt>くばじま</rt></ruby>、<ruby>魚釣島<rt>うおつりじま</rt></ruby>ヘ<ruby>國標建設<rt>こくひょうけんせつ</rt></ruby>ノ<ruby>件<rt>けん</rt></ruby>

【日译】

明治十八年十月より

沖縄県

久米赤島・久場島・魚釣島における国標建設の件

【中译】

自明治十八年十月

冲绳县
关于将国标建设于久米赤岛、久场岛、鱼钓岛事宜

【原样】

近時

清国ノ新聞ニ我政府ハ清国ニ属スル臺湾地方之島嶼ヲ占處セシ杯ノ風評ヲ掲ケ清政府ノ注意ヲ喚起セシテアリ故ニ此際蕞爾タル一小嶼ニハ暫時ハ着分不相応の不要ノコンプリケーションヲ避クルノ好政策ナルベシ相乞次第哉

【念法】

近時(きんじ)

清國ノ新聞ニ我政府ハ清國ニ屬スル臺灣地方ノ島嶼ヲ占處セシ杯

ノ風評ヲ揭ケ清政府ノ注意ヲ喚起セシテアリ故ニ此際蕞爾タル一 小

嶼ニハ暫時ハ着分不相應ノ不要ノコンプリケーションヲ避クルノ①好政

策ナルベシ相乞次第哉

---

① 译者认为「ノ」可能是「事」之略字。

【日译】

　　最近、清国の新聞に、清国に属する台湾地方の島嶼を我が政府が占拠したなどの風評を掲載し、清政府の注意を促した記事がございました。それゆえに、この機会に蕞爾たる一小島について暫くは情況に不適切な不用の軋轢を避けることが政策として良いはずです。そのようなわけでご指示をお願いしているのです。

【中译】

最近清国报纸刊登了一些引起清政府警觉的风闻，其称道：我们（日本）政府已占据本属于清国的台湾地方的岛屿。为此，对蕞尔小屿，暂时避免不符合当前形势的、没有必要的纠纷则为上策。在此希望得到指示。

官房甲第三十八号

【原档】

【原样】

官房甲第三十八号

　　沖縄縣ト清國トノ間ニ散在セル無人島取調ノ義ニ付別紙甲号ノ通同縣令
ヨリ上申候ニ付即チ別紙乙号ノ如ク其筋へ相伺度存候就而ハ御意見承知致度
此段及御照会候也

明治十八年十月九日

内務卿伯爵山縣有朋

外務卿伯爵井上馨殿

　　追而別紙取調書類ハ副書無之ニ付御回答之節御返付相求度候也

【念法】

官房甲第三十八號
<small>かんぼうこうだいさんじゅうはちごう</small>

<small>おきなわけん しんこく あいだ さんざい むじんとうとりしらべ ぎ つきべっししこうごう</small>
沖繩縣ト清國トノ間 ニ散在セル無人島取 調ノ義ニ付別紙甲號ノ

<small>とおりどうけんれい じょうしんそうろう つきすなわ べっし おつごう ごと そのすじ あいうかがいたく</small>
通 同縣令ヨリ上申 候 ニ付即チ別紙乙號ノ如ク其筋ヘ相 伺 度

<small>ぞんじそうろうついて ご いけんしょうちいたしたくこのだん [ごしょうかいにおよび] そうろうなり</small>
存 候 就而ハ御意見承知致度此段及御照會候也

<small>めいじじゅうはちねんじゅうがつここのか</small>
明治十八年十月 九 日

<small>ない む きょうはくしゃくやまがたありとも</small>
内務卿伯爵山縣有朋

<small>がい む きょうはくしゃくいのうえかおるどの</small>
外務卿伯爵井上馨殿

<small>おって べっし とりしらべしょるい ふくしょ[これなき] つき ご かいとうのせつ ご へん ぷ あいもとめたく</small>
追而別紙取 調 書類ハ副書無之ニ付御回答之節御返付相 求 度

<small>そうろうなり</small>
候 也

【日译】

官房甲第38号

外務卿伯爵井上馨殿

沖縄県と清国との間に散在している無人島を調査する件について、別紙甲号の通り同県県令より上申がございましたため、別紙乙号にありますように関連者に伺いを立てたくございます。つきましては、貴方のご意見を知りたく、この件について御照会を差し上げるに及びました。

明治十八〔1885〕年十月九日
内務卿伯爵山縣有朋

追伸：別紙取調書類については副書がありませんので、ご回答の際には、これについてご返送のほどお願いいたします。

【中译】

官房甲第38号

外务卿伯爵井上馨阁下：

关于调查散落冲绳县与清国间之无人岛事宜，同县县令以另纸甲号上报，因此下官欲问主管部门，细节见于另纸乙号。此次提交照会，以听高见。

明治十八年十月九日

内务卿伯爵山县有朋

再启：因另纸调查文件无副件，请答复时并返还。

太政官上申案

【原档】

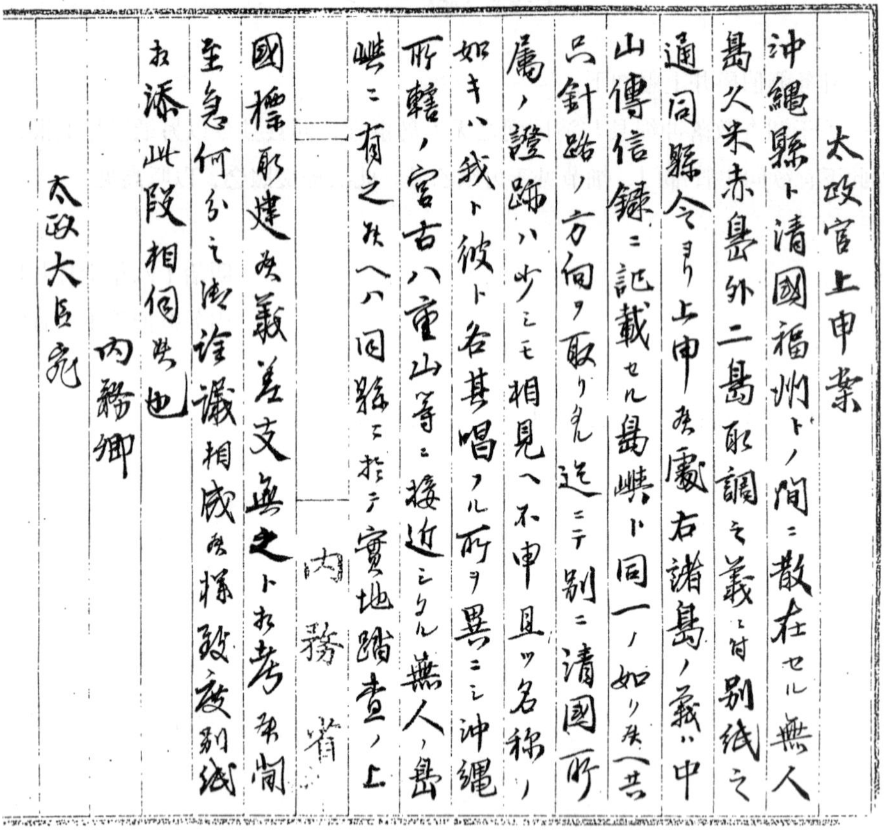

太政官上申案
沖繩縣ト清國福州ノ間ニ散在セル無人
島久米赤島外二島取調ノ義ニ付別紙ノ
通同縣令ヨリ上申候處右諸島ノ義ハ中
山傳信錄ニ記載セル島嶼ト同一ノ如ク候ヘ共
只針路ノ方向ヲ取リタル迄ニテ別ニ清國所
屬ノ證跡ハ少シモ相見ヘ不申且ツ名稱ノ
如キハ我ト彼ト各其唱フル所ヲ異ニシ沖繩
所轄ノ宮古八重山等ニ接近シタル無人ノ島
嶼ニ有之候ヘハ同縣ニ於テ實地踏查ノ上
内務省
國標取建候義差支無之ト被考候間
至急何分ノ御詮議相成候樣致度別紙
相添此段相伺候也
内務卿
太政大臣宛

【原样】

太政官上申案

　　沖縄縣ト清國福州トノ間ニ散在セル無人島久米赤島外二島取調之義ニ付
別紙之通同縣令ヨリ上申候處右諸島ノ義ハ中山傳信録ニ記載セル島嶼ト同一
ノ如ク候ヘ共只針路ノ方向ヲ取リタル迄ニテ別ニ清國所属ノ證跡ハ少シモ相
見ヘ不申且ツ名称ノ如キハ我ト彼ト各其唱フル所ヲ異ニシ沖縄所轄ノ宮古八
重山等ニ接近シタル無人ノ島嶼ニ有之候ヘハ同縣ニ於テ實地踏査ノ上國標取
建候義差支無之ト相考候間至急何分之御詮議相成候様致度別紙相添此段相伺
候也

内務卿

太政大臣宛

【念法】

だじょうかんじょうしんあん
太政官上申案

沖縄縣ト清國福州トノ間ニ散在セル無人島久米赤島外二島取

調之義ニ付別紙之通同縣令ヨリ上申候處右諸島ノ義ハ中山

傳信録ニ記載セル島嶼ト同一ノ如ク候ヘ共只針路ノ方向ヲ取リタ

ル迄ニテ別ニ清國所屬ノ證跡ハ少シモ相見ヘ不申且ツ名稱ノ如キ

ハ我ト彼ト各其唱フル所ヲ異ニシ沖縄所轄ノ宮古八重山等ニ接近

シタル無人ノ島嶼ニ有之候ヘハ同縣ニ於テ實地踏査ノ上國標取建

候義差支無之ト相考候間至急何分之御詮議相成候樣

致度別紙相添此段相伺候也

ないむきょう
内務卿
だじょうだいじんあて
太政大臣宛

【日译】

太政官上申案

太政大臣閣下

　　沖縄県と清国福州との間に散在している無人島である久米赤島ほか二島を調査する件について、別紙の通り、沖縄県県令より上申しましたところ、これらの諸島については、中山伝信録に記載してある島嶼と同一のものを指しているようでございますが、ただ針路の方向を取り上げただけであり、清国に所属しているという証拠は少しもありません。しかも、例えば名称は日本と清国とでそれぞれ異なっており、また、沖縄県所轄の宮古島や八重山島などに近い無人島でございますので、沖縄県が実地踏査を行ったうえで、国標を建てることには差支えがないと考えます。そこで、至急何らかのご協議が達成されるようにいたしたく、別紙を添えてこれについてこうした伺うのでございます。

内務卿

【中译】

太政官之呈文案

太政大臣阁下：

关于调查散落冲绳县与清国福州间之无人岛，即久米赤岛及另外两岛事宜，已由冲绳县令请示，所附另纸为其内容。关于以上诸岛，似指同于《中山传信录》记载之岛屿，然仅有航向记载，并无证据证明为清国所属。并且日本与清国对其名称各异，又近于冲绳县所属之宫古岛与八重山岛，为无人之岛，以为不妨让冲绳县派人实地踏查，再建立国标。因此，下官希望从速达成协议，在此附上另纸，特此请示。

内务卿

太政官上申案

【原档】

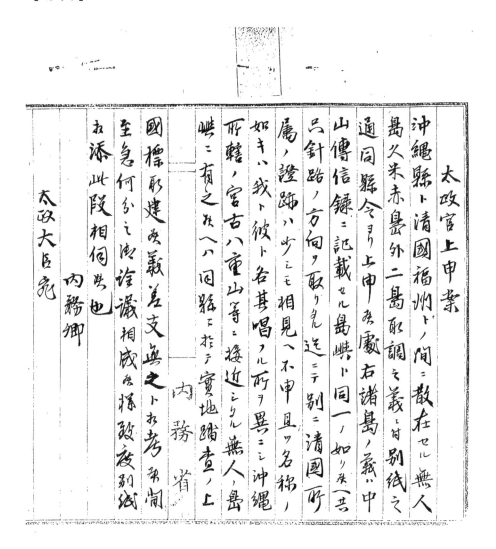

太政大臣宛

内務卿

國標耶建ヲ議ヨ之小ヲヲ考実間

至急何分ノ御詮議相成タ様致度別紙

ヲ添此段相伺出也

峡ニ有之其〈八回路ニ指テ実地踏査ノ上

所轄ノ宮古八重山等ニ接近シタル無人ノ島

如キハ我ト彼ト各其唱フル所ヲ異ニシ沖縄

屬ノ證跡ハ少シモ相見ヘ不申且ツ名稱ノ

只針路ノ方向ヲ取リタル迄ニテ別ニ清國所

山傳信録ニ記載セシ島嶼ト同一ノ如ク候共

通同縣令ヨリ上申せシ如ク麗右諸島ノ義ハ

島久米赤島外二島取調之義ニ付別紙乙

沖縄縣ト清國福州トノ間ニ散在セル無人

太政官上申案

关于久米赤岛及另外两岛调查情况的呈文

【原档】

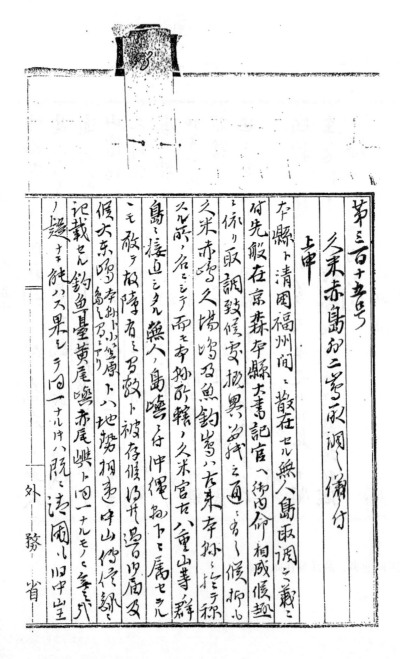

ヲ冊封スル使船ノ詳悉セルノミニラス夫々名称ヲモ附シ

琉球航海ノ目標トモセシ事明カナリ然ラノ今回本案

而テ標杭建設ニ關スル儀ハ曩ニ清國政府ノ疑惑ヲ招クノ

間來十月中旬兩先島ヘ向ケ出帆ノ産業船出雲丸ノ

歸便ヲ以テ不取敢實地踏査セシメ及ヒ届候条國標

建等ノ儀差當リ御指揮ヲ得此段相伺候也

明治廿二年九月廿三日 沖縄縣令 西村捨三

内務大臣伯爵山縣有朋殿

【原样】

第三百十五号

久米赤島外二嶋取調之儀ニ付上申

本縣ト清國福州間ニ散在セル無人島取調之義ニ付先般在京森本縣大書記官ヘ御内命相成候趣ニ依リ取調致候處概署別紙ノ通ニ有之候抑モ久米赤嶋久場嶋及魚釣嶋ハ古来本縣ニ於テ称スル所ノ名ニシテ而モ本縣所轄ノ久米宮古八重山等ノ群島ニ接近シタル無人ノ島嶼ニ付沖縄縣下ニ属セラルヽモ敢テ故障有之間敷ト被存候得共過日御届及候大东嶋本縣ト小笠原島之間ニアリトハ地勢相違中山傳信録ニ記載セル釣魚臺黄尾嶼赤尾嶼ト同一ナルモノニ無之哉ノ疑ナキ能ハス果シテ同一ナルトキハ既ニ清國モ旧中山王ヲ册封スル使船ノ詳悉セルノミナラス夫々名称ヲモ附シ琉球航海ノ目標ト為セシ事明カナリ依テ今回大東島同様踏査直ニ国標取建候モ如何ト懸念仕候間来十月中旬両先嶋ヘ向ケ出帆ノ雇汽船出雲丸ノ帰便ヲ以テ不取敢実地踏査可及御届候条國標取建等ノ義尚御指揮ヲ請度此段兼テ上申候也

明治一八年九月廿二日　沖縄縣令　西村捨三

内務卿伯爵山縣有朋殿

【念法】

第三百十五號

久米赤島外二嶋取調之儀ニ付上申

本縣ト清國福州間ニ散在セル無人島取調之義ニ付先般在京

森本縣大書記官ヘ御内命相成候趣ニ依リ取調致候處概

畧別紙ノ通ニ有之候抑モ久米赤嶋久場嶋及魚釣嶋ハ古來本縣ニ

於テ稱スル所ノ名ニシテ而モ本縣所轄ノ久米宮古八重山等ノ群島ニ

接近シタル無人ノ島嶼ニ付沖繩縣下ニ屬セラルヽモ敢テ故障有之間

敷ト被存候得共過日御届及候大東嶋本縣ト小笠原島之間ニアリ

トハ地勢相違中山傳信録ニ記載セル釣魚臺黄尾嶼赤尾嶼ト同一ナ

ルモノニ無之哉ノ疑ナキ能ハス果シテ同一ナルトキハ既ニ清國モ舊

中山王ヲ册封スル使船ノ詳悉セルノミナラス夫々名稱ヲモ附シ琉

球航海ノ目標ト為セシ事明カナリ依テ今回大東島同樣踏査直ニ

國標取建候モ如何ト懸念仕候間來十月中旬兩先嶋ヘ

向ケ出帆ノ雇汽船出雲丸ノ歸便ヲ以テ不取敢實地踏査可及御届

候條國標取建等ノ義尚御指揮ヲ請度此段兼テ上申候也

<ruby>明治<rt>めいじ</rt></ruby> <ruby>一八年<rt>じゅうはちねん</rt></ruby> <ruby>九月<rt>くがつ</rt></ruby> <ruby>廿二日<rt>にじゅうににち</rt></ruby>　<ruby>沖縄縣令<rt>おきなわけんれい</rt></ruby>　<ruby>西村捨三<rt>にしむらすてぞう</rt></ruby>

<ruby>内務卿伯爵山縣有朋殿<rt>ないむきょうはくしゃくやまがたありともどの</rt></ruby>

【日译】

第315号

　久米赤島ほか二島の調査についての上申

　内務卿伯爵山縣有朋殿

　本県と清国福州間に存在している無人島を取り調べる件につき、先ごろ、在京の森本県大書記官へ御内命が下された様子でございますので、それに従い調査致しましたところ、調査概略が別紙のようにございました。そもそも、久米赤島や久場島、魚釣島は昔から本県で呼ばれていた名前であり、しかも本県所轄の久米島・宮古島・八重山島などの群島に接近した無人島なので、沖縄県所属とされることにも不都合があるはずもないと思っておりましたが、先日お届けしました大東島（本県と小笠原島との間にあります）とは地勢が異なり、中山伝信録に記載されている釣魚臺・黄尾嶼・赤尾嶼と同じものではないかという疑いが拭えません。結局同一であるとしたら、清国も旧中山王への冊封船が詳しく知っているのみならず、それぞれに名称もつけ、琉球への航海の目印としたことが明らかであります。したがいまして、今回大東島と同様に踏査して直接国標を建てることも、いかがかと懸念いたしますので、来る10月中旬、両先島へ向けて出帆の雇い汽船出雲丸の帰りの便を利用して、とりあえず実地踏査しご報告を行う件、国標建設などについてはなお御指揮をお願いいたしたく、今回一緒に上申するものであります。

　　　　　　　　　　　　明治十八〔1885〕年九月二十二日

　　　　　　　　　　　　沖縄県令　西村捨三

【中译】

第315号

关于久米赤岛及另外两岛调查情况的呈文

内务卿伯爵山县有朋阁下：

日前，下官受在京的本县森大书记官的密命，进行调查散落在本县与清国福州间的无人岛一事，其概要如附件所示。……因此下官向来认为即使将该岛算为本县所属，也无大碍。但它与日前呈报的大东岛（位于本县与小笠原岛之间）地势不同，不得不说其无疑异于《中山传信录》所记载的钓鱼台、黄尾屿及赤尾屿。倘若为同一岛屿，清国册封旧中山王之使船，不仅熟悉此群岛之存在，还分别付之以名，显然是为将此作为向琉球航海的导航标记。故而，下官思虑，此次不如与大东岛一样进行实地勘察，立即建立国标之事还需要考虑。预定于10月中旬利用自先岛两岛归来的出云丸号汽船之便，进行实地调查并立即呈报，到时再就建立国标等事宜恳请指示。

明治十八年九月二十二日

冲绳县令西村捨三

关于久米赤岛·久场岛·鱼钓岛三岛的调查书

【原档】

久米赤島久場島奥釣島

之三島取調書

右三島ノ景況取調ベキノ命ニ依リ概略九ニ開陳ス

右三島ハ沖縄ト清國福州トノ間ニ散在シ無人島九

申ニ一般言フ所ミシノ左縣人ヤ住々之ニ渡リ×ル事アリト

言フ古來流布ノ説ナシ尼書ニ就キテ詳志シ得ルモノナシ

然ニ目下美里間切諸山方筆者ヲ奉職セシ大城永

保ナル者ハ慶藩前公私ノ用ヲ帶テ屡清國ニ渡航セシ

人ニ就キ取調ヘニ概子九ノ如シ

節親トシ目撃セシ趣雪テ小官ニ語リ因テ猶親トシ右

一久米赤島

此島ハ久米島ヨリ未申ノ方大凢七十里ヲ距テアリ

清四福州ヲ去ル或ハ二百里ニ近カラン欤（兵吾擬ルニ里程ハ古來唱フ）

務 省

所ト現今言フ者ハ君ヲ似イ似テハ那覇ノ如キ薩摩ヲ去リ三百里ト云之ニ八百二十里余ニテ、故ニ必ズ文ノ里程ノ沖縄ヲ割合シテ見ルノ大遠ナリトヒノ歟

山嶽屹立シテ手垣ノ地ナリ項上ハ高々シテ久米島ハ

襄ラサルハ島ノ長サハ大凡貳十七八町幅十七八町

モアラン土壜ハ赤土ナハタコゝ樹ノ繁荗ヲ見ヒ之他

良材ト流水ハヱラ見ヌ此島ニ近ヨリ之ニ南方九壱里

半ト覺ヒニヱ沿岸硿泊ノ便ナキカ如シ唯海鳥ノ糞

積ヲ堆ヲ遥シノミ

一 久場島

此島ハ久米島ヨリ午未ノ方大凡 白里ヲ距テ八重山

島ノ内石垣島ニ近接ス大凡六十里余ニ位之ヌ島

ニテ長サ三十壱貳町幅十七八町アハヘ山嶽植

物地形温岸共ニ久米赤島ニ彷彿タリト見認メ

之ニテ別ニ記ヱ事モシ島嶼ハ大ト見タルノ異ナルノミ

一魚釣島

而シテ之ニ接近セしハ其ノ南方九二里トス

此島ノ方位モ久場島ト同一ニシテ四十里程遠し

延長ハ九二里二里許ス一回ハ此島ノ北方ニ航シテ

大仇貳十五六町ヲ隔テ見ル一画ハ其南方航海

ノ節帆船ノ順風ヲ失ヒタルヲ以テ六時間程寄港

シ其ノ傳馬ヲ乗シ極テ岸ニ接近シタルニ無

人島ナリ其ノ内部何等ノ動物棲息スルヤモ難計ニ付

敢テ上陸ハ為サヾリしナリ先ツ此島ノ嶽山高キ所

ハ久米島ニ方シ（これヲ除ハ）西南二方ノ海岸ハ稍

ハ陸崎ナり東坐ノ二方ハ白濱アリ延テ手坦ナ嘱

野尻ノミナテス沖儞本島ノ如ク松植及其他ノ

雜木頗ハ繁茂し果山中濠風布ノ語ルヽ見タリ

外務省

外　務　省

又陸ニハ野禽ニ富ミ岸海ニ富ミ沿海ハ鮫鰺其

他ノ鱗族最モ多ク是ヲ洵ニ農漁業共ニ營ムニ足ル

公遊フ可ノ島タルヘシ

以上大城永保ヵ目撃セシ侭ヲ聞書セシモノナリ同人ヵ右

三島ヲ見シハ安政六年ヲ以テ始トシ尓后三四年ノ間毎

々渡清ノ帰路ニ二三度見タリトテフ

右三島ノ名称ハ従来沖縄諸島ニ咸唱スル所ニシテ之

ヲ英四世版ノ存郍ト其臺灣間ノ海圖ニ照スニ久米赤

島ハ彼 Raleigh Rock ニ当リ久場島ハ彼 Pinnacle 奥釣

島ハ彼 Hoa-pin-su ニ対シ蓋ク中山傳信録ノ赤尾嶼

・久米赤島ハ黄尾嶼ニ久場島釣魚嶼ハ奥釣島

ニ相当スヘク故ニ大城永保ヵ説ニ據リ今仮ニ琉球新誌

ノ圖中ニ入レ以テ其位置ノ概畧ヲ記シ圖ヲ引配置大

小其ニ其ノ舌ヲ潟サルモノトス閣下ノ洞察ヲ煩ハスヲ得ハ幸甚ニ乃チ謹テ烏腹ニ供シ頓首再拝

明治十八年九月廿一

　　　　土木属　石澤兵吉

沖縄縣令西村捨三殿閣下

外　務　省

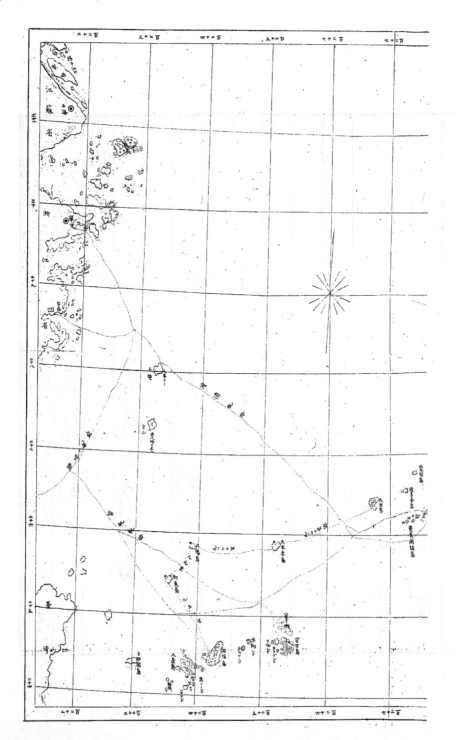

【原样】

久米赤島久塲島魚釣島之三島取調書

　右三島ノ景況取調ヘキノ命ニ依リ概略左ニ開陳ス右三島ハ沖縄ト清國福州トノ間ニ散在セル無人島ナル由ハ一般言フ所ニシテ本縣人モ往々之ニ渡リタル事アリト言フハ古来流布ノ説ナレトモ書ニ就キテ詳悉シ得ルモノナシ然ルニ目下美里間切詰山方筆者ヲ奉職セル大城永保ナル者ハ廢藩前公私ノ用ヲ帯テ屢清国へ渡航セシ節親シク目撃セシ趣曽テ小官ニ語レリ因テ猶親シク本人ニ就キ取調フルニ概子左ノ如シ

　　一久米赤島

　此島ハ久米島ヨリ未申ノ方大凡七十里ヲ距テアリ清國福州ヲ去ル或ハ二百里ニ近カラン歟（兵吾按スルニ里程ハ古来唱フル所ト現今言フ所大ニ差アリ仮令ハ那覇ノ如キ薩摩ヲ去ル三百里ト云ヘシモ今ハ百八十六里余トス故ニ本文ノ里程ハ此割合ヲ以テ見ルヲ大過ナシトセン歟）山嶽屹立シテ平坦ノ地ナク頂上ハ高クシテ久米島ニ譲ラサルヘク島ノ長サハ大凡貳十七八町幅十七八町モアラン土質ハ赤土ナルヘク「コバ」樹ノ繁茂ヲ見レトモ他ニ

　良材ト流水ノアルヲ見ス此島ニ近ヨリシハ南方凡壱里半ト覺ヘシモ沿岸碇泊ノ便ナキカ如シ唯海禽ノ糞積テ堆キヲ認メシノミ

　　一久塲島

　此島ハ久米島ヨリ午未ノ方大凡百里ヲ距テ八重山島ノ内石垣島ニ近接セル大凡六十里余ニ位スル島ニシテ長サ三十壱貳町幅十七八町アルヘク山嶽植物地形沿岸共ニ久米赤島ニ彷彿タリト見認タルヲ以テ別ニ記スル事ナシ鳥糞ナシト見タルノ異ナルノミ而シテ之ニ接近セシハ其南方凡二里トス

　　一魚釣島

　比島ノ方位モ久塲島ト同一ニシテ只十里程遠シ延長ハ凡二里ノ一里位トス一回ハ此島ノ北方ニ於テ大凡貳十五六町ヲ隔テ見一回ハ其南方航海ノ節帆舩ノ順風ヲ失シタルヲ以テ六時間程寄港シタレハ本舩ノ傳馬ニ乗シ極テ岸ニ

接近シタレトモ無人島ナレハ内部何等ノ動物棲息スルヤモ難計ニ付敢テ上陸
ハ為サヽリシナリ先ツ此島ノ嶽山高キ所ハ久米島ニ劣ラザルヘシト雖トモ西
南二方ノ海岸ハ稍ヤ險峭ナリ東北ノ二方ハ白濱アリ延テ平坦ナル曠野アルノ
ミナラス沖縄本島ノ如ク松植及其他ノ雜木頗ル繁茂シ且ツ山中瀑布ノ落ルヲ
見タリ又陸ハ野禽ニ富ミ岸ハ海禽ニ富ム沿海ハ鮫鱶其他ノ鱗族最モ多シ是レ
洵ニ農漁業共ニ營ムニ充分適当ノ島ナルヘシ

　以上大城永保カ目撃セシ侭ヲ聞書セシモノナリ同人カ右三島ヲ見タルハ
安政六未年ヲ以テ始トシ尓后三四年ノ間年々渡清ノ帰路二三度見タリト云フ

　右三島ノ名称ハ従来沖縄諸島咸唱フル所トス今之ヲ英國出版ノ本邦ト
臺湾間ノ海圖ニ照ラスニ久米赤島ハ彼Sia u see久塲島ハ彼Pinnacle魚釣島ハ彼
Hoa-pin-seeニ相当リ中山傳信録ノ赤尾嶼ハ久米赤島黄尾嶼ハ久塲島釣魚臺ハ
魚釣島ニ相当スヘキ欤大城永保カ説ニ據リ今仮ニ琉球新誌ノ圖中ニ入レ以テ
其位置ノ概署ヲ記ス固ヨリ配置大小共ニ其当ヲ得サルモノトス閣下ノ洞察ヲ
煩ハスヲ得ハ幸甚シ乃チ謹テ高覧ニ供ス頓首再拝

　　　　　　　　　　　　　　　　明治十八年九月廿一日
　　　　　　　　　　　　　　　　　五等属石澤兵吾
　　　　　　　　　　　　　　沖縄縣令西村捨三殿閣下

【念法】

久米赤島久塲島魚釣島之三島取調書

右三島ノ景況取調ヘキノ命ニ依リ概略左ニ開陳ス右三島ハ

沖繩ト清國福州トノ間ニ散在セル無人島ナル由ハ一般言フ所ニシ

テ本縣人モ往々之ニ渡リタル事アリト言フハ古來流布ノ説ナレトモ書ニ

就キテ詳悉シ得ルモノナシ然ルニ目下美里間切詰山方筆者ヲ奉職セ

ル大城永保ナル者ハ廢藩前公私ノ用ヲ帶テ屢清國ヘ渡航セシ節親シ

ク目擊セシ趣曾テ小官ニ語レリ因テ猶親シク本人ニ就キ取調フル

ニ概ネ左ノ如シ

　一久米赤島

此島ハ久米島ヨリ未申ノ方大凡七十里ヲ距テアリ清國福州ヲ去

ル或ハ二百里ニ近カラン歟（兵吾按スルニ里程ハ古來唱フル所ト現今

言フ所大ニ差アリ假令ハ那覇ノ如キ薩摩ヲ去ル三百里ト云ヘシモ今ハ

百八十六里餘トス故ニ本文ノ里程ハ此割合ヲ以テ見ルヲ大過ナシ

トセン歟）山嶽屹立シテ平坦ノ地ナク頂上ハ高クシテ久米島ニ讓ラサ

ルヘク島ノ長サハ大凡貳十七八町幅十七八町モアラン土質ハ赤

土ナルヘク「コバ」樹ノ繁茂ヲ見レトモ他ニ良材ト流水ノアルヲ見ス

此島ニ近ヨリシハ南方 凡 壱里半ト覺ヘシモ沿岸碇泊ノ便ナキカ如シ

唯海禽ノ糞積テ 堆 キヲ認メシノミ

　　一久場島

　此島ハ久米島ヨリ午未ノ方大凡 百 里ヲ距テ八重山島ノ内石垣

島ニ近接セル大凡六 十 里余ニ位スル島ニシテ長サ三 十 壱貳町 幅

十 七八 町 アルヘク山嶽 植 物地形沿岸共ニ久米赤島ニ彷彿タリト見

認 タルヲ以テ別ニ記スル事ナシ 鳥 糞ナシト見タルノ異ナルノミ而シテ

之ニ接近セシハ其南方 凡 二里トス

　　一魚釣島

　此島ノ方位モ久場島ト同一ニシテ只 十 里程遠シ延 長ハ 凡 二里

ノ一里 位 トス一回ハ此島ノ北方ニ於テ 大 凡貳 十 五六 町 ヲ隔テ見

一回ハ其南方航海ノ節帆舩ノ 順 風ヲ失シタルヲ以テ六時間程寄港シ

タレハ本舩ノ傳馬ニ 乗 シ 極 テ岸ニ接近シタレトモ無人島ナレハ内部

何 等ノ動物棲息スルヤモ 難 計 ニ付敢テ上 陸ハ為サヽリシナリ先ツ

此島ノ嶽山高キ 所 ハ久米島ニ劣ラザルヘシト 雖 トモ西南二方ノ海岸ハ

稍ヤ険 峭 ナリ東北ノ二方ハ白濱アリ延テ平坦ナル曠野アルノミナラス

沖縄本島ノ如ク松植 及 其他ノ雑木 頗 ル繁茂シ且ツ山 中 瀑布ノ落ル

ヲ見タリ又陸ハ野禽ニ富ミ岸ハ海禽ニ富ム沿海ハ鮫鱶其他ノ鱗族 最 モ

多シ是レ 洵 ニ農漁 業 共ニ 營 ムニ 充 分適當ノ島ナルヘシ

以上大城永保カ目擊セシ儘ヲ聞書セシモノナリ同人カ右三島ヲ見

タルハ安政六未年ヲ以テ始トシ爾後三四年ノ間年々渡清ノ歸路二三

度見タリト云フ

右三島ノ名稱ハ從來沖繩諸島咸唱フル所トス今之ヲ英國出

版ノ本邦ト臺灣間ノ海圖二照ラスニ久米赤島ハ彼Sia u see久場島ハ彼

Pinnacle魚釣島ハ彼Hoa-pin-seeニ相當リ中山傳信錄ノ赤尾嶼ハ久米赤

島黃尾嶼ハ久塲島釣魚臺ハ魚釣島ニ相當スヘキ歟大城永保カ說ニ據

リ今假ニ琉球新誌ノ圖中ニ入レ以テ其位置ノ概畧ヲ記ス固ヨリ配

置大小共ニ其當ヲ得サルモノトス閣下ノ洞察ヲ煩ハスヲ得ハ幸甚

シ乃チ謹テ高覽ニ供ス頓首再拜

明治十八年九月廿一日

五等屬石澤兵吾

沖繩縣令西村捨三殿閣下

【日译】

久米赤島・久塲島・魚釣島の三島に関する取調書

沖縄県令西村捨三閣下

　これら三島の様子を調査すべきとの命令に従い、その概略を以下開陳します。三島が沖縄と清国福州との間に散在している無人島であることについては、一般にも言われており、本県人もしばしば行ったことがあると言うのが昔から流布している言い方ですが、書籍に基づいて詳しく述べることができたものがおりません。そんな折、美里間切で山方筆者（森林伐採の取り締まり役人）を現在務めている大城永保という者が、廃藩以前に公私の目的でしばしば清国に渡航した折、詳細に目撃した主旨を以前私に語っておりました。よって、なお詳しく本人に調査したところ、その内容は大体以下のようになりました。

　一久米赤島

　此島ハ久米島ヨリ未申の方向〔南西〕約70里の距離にあります。清国福州からは200里近くになるでしょうか。（兵吾が考えますに、この距離につきましては、古来より言われてきたことと、現在言われていることとでは大きな開きがあります。たとえば那覇ですと薩摩から３００里と言われてきましたが、現在は１８６里余りの距離とされております。それゆえ、本文の距離はこの割合について考慮しても差し支えないのではないでしょうか。）山嶽が屹立し、平坦な地は無く、頂上は高く、久米島に劣らぬほどと思われます。島の長さは約27～28町、幅は17～18町もあるでしょう。土質は赤土と思われ、「コバ」樹の繁茂する姿を見かけますが、他に良材と流水があるのを見かけませんでした。この島に近よったのは、南方約1里半と記憶しておりますが、沿岸には停泊するに適切な場所が無いようで、ただ海鳥の糞が高く積もっているのを確認しただけでした。

　一久塲島

　この島は久米島から午未の方向に約100里離れ、八重山島のうち石垣島か

ら約60余里の距離に近接するところに位置する島であります。長さは31~32
町、幅は17~18町あるはずで、山岳や植物、地形、沿岸はいずれも久米赤島
を彷彿とさせると認めました。そこで他に記すこともありません。鳥の糞が
無いように思ったのが異なるのみでした。この島に接近したのはその南方2里
ぐらいのところでした。

一魚釣島

この島の方位も久塲島と同一であり、わずかに10里ほど〔久塲島より〕
遠くあります。長さ約2里、幅約一里であります。この島の北方約25~26町を
隔てて島を見たことが一度あります。また、島の南方を航海したときに、帆
船が順風を失い6時間ほど寄港したことが一度あり、そのときは、船内の伝馬
船に乗って海岸に極めて接近しましたが、無人島でしたので島内には何らの
動物が生息しているのかも予測つきがたく、敢えて上陸はしませんでした。
まず、この島で山岳が高い地点は久米島に劣らぬだろうと言えますが、西南
の二方向の海岸はやや険峭で、東北の二方向には白濱があります。一面に平
坦な荒野があるだけでなく、沖縄本島のように松の植え込みその他雑木が頗
る繁茂しており、さらに山中には瀑布が落ちるのも見ました。また、陸は野
禽に富んでおり、海岸は海禽に富んでおります。沿海は鮫や鱶、その他の鱗
族が最も多いです。まことに、農漁業をともに営むのに十分適当な島である
はずです。

以上は、大城永保の目撃した通りに聞き書きしたものであります。
同人が右三島を最初に見たのは安政六未年であり、以後三四年間、毎年清
国の帰途、二三度見たと言っております。右三島ノ名称は従来沖縄諸島で
皆呼ばれているものであります。今これをイギリスで出版されている、日
本と台湾との間の海図に照らしますと、久米赤島はSia u seeに、久塲島は
Pinnacleに、魚釣島はHoa-pin-seeに相当し、中山伝信録の赤尾嶼は久米赤
島、黄尾嶼は久塲島、釣魚臺は魚釣島に相当しているようです。大城永保
の説に従って、今かりに琉球新誌の図中に入れて、その位置の概略を記し
ておきます。もちろん、配置の大小はともに、その当を得ざるものと考え

られます。閣下のお目を煩わすことになりますが、ご高覧頂ければ幸いに
存じます。頓首再拝

　　　　　　　　　　　　　　明治十八年九月二十一日
　　　　　　　　　　　　　　五等属石沢兵吾

【中译】

关于久米赤岛·久场岛·鱼钓岛三岛的调查书

冲绳县令西村捨三阁下：

受调查上述三岛情况之命，其概要陈述如下。众所周知，上述三岛为无人岛，散落冲绳与清国福州之间。据说本县人亦曾屡次登陆该地，但此为自古而来的流传之说，并无人从书中详悉该地。然而在美里间切，有叫"大成永保"者，现任"山方笔者（森林采伐管理人）"，曾向下官言明，于废藩前，其因公私事宜而屡渡清国之际，亲眼目睹该地。因而，下官再详细询问本人，概要如下：

久米赤岛

此岛位于距久米岛约70里的未申方向，距清国福州或近于200里歟。（兵吾按：关于该距离问题，历来之说法与现今所言大有不同。如曾说距那霸距萨摩三百里，然今为百八十六里余。故本文距离以此比率为无大过欤。）其山岳屹立，无平坦之地，山顶之高不逊于久米岛，岛长约二十七八町，宽十七八町。土质应为红土，槟榔繁茂，却未见有其他优质木材与流水。下官虽接近此岛南方约一里，似无沿岸停泊之所，唯看见海禽粪便之堆积。

久场岛

此岛位于距久米岛约一百里的午未方向，距离八重山岛内之石垣岛约六十里余，其长应为三十一二町，宽应为十七八町。其山岳、植物、地形及沿岸，皆使人认为似久米赤岛，唯一不同在于似无鸟粪，除此以外并无其他记载。下官所接近此岛时，距其南方约二里。

鱼钓岛

此岛方位亦同于久场岛，仅远约10里。此岛长约二里，宽约一里。下官曾有一次在距此岛北方约二十五六町处眺望此岛的经历。亦有一次正值南方航海之际，因帆船失顺风，靠岸停泊约六个小时。那时乘船内之驳船，虽极靠近其海岸，但鉴于其为无人岛，难以估计岛上有何种动物栖息，故未敢登陆。虽此岛山岳较高之处不逊于久米岛，但其西南两岸较险峭，东北两岸乃有白色海

滩，不仅有冲绳本岛那样平坦之旷野，更有松树及其他杂木，颇为枝繁叶茂，且山中又有瀑布。陆地丰野禽，海岸富海禽，沿海为鲛、大鲨鱼及其他鳞类最多，实为从事农渔业之适当之所也。

上述内容为大城永保之目睹所述之记录。据该人云，见右三岛以安政六年为始，尔后三四年间每年于归渡清国途上约见两三次。

右三岛名称历来为冲绳群岛居民所咸称。今将之对照于英国出版的本国与中国台湾间的海图，久米赤岛相当于Sia u see，久场岛为Pinnacle，鱼钓岛则与Hoa-pin-see相当。《中山传信录》中则似将赤尾屿与久米赤岛，黄尾屿与久场岛，钓鱼台则与鱼钓岛相当。

下官现依据大城永保所述，暂时在《琉球新志》附图中，以记其位置概略，然恐其配置大小不得当。烦请阁下洞察幸甚，谨供高览。顿首再拜。

明治十八年九月二十一日
五等属石泽兵吾

亲展第三十八号

【原样】

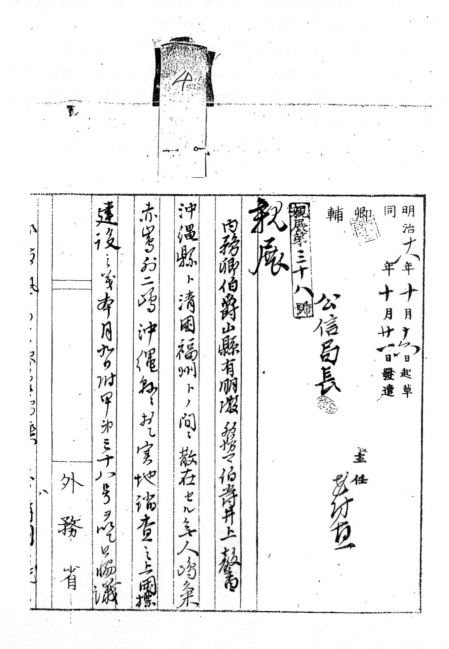

外務省

ル草ノ繁茂ニ至ル迄……ノ法国ヲ新蜜ヲ招キ

……官衙ノ実地ノ踏査ヲ……ノ港湾ノ形状并

土地物産開拓ニ此者ヲ等……細ニ取調ヘシム

ルヲ止メ国標ヲ建テ開拓等ニ着手スルヲ

……様フ方民……上……踏査

東京島ノ……踏査等ニ就官……

……楮栽……ニ方テ……夫……

……買……取段誘……四参寿批友意

見中進ノ如

外務省

近ナ……本……

東沖縄県へ上申書ヲ……

【原样】

明治十八年十月十六日起草

同年十月廿一日發遣

卿　印　　　　　　　　　主任　署名

輔　　交信局長　印

親展第三十八號

親展

内務卿伯爵山縣有朋殿　外務卿伯爵井上馨

沖繩縣ト清國福州トノ間ニ散在セル無人嶋久米赤嶌外二嶋沖繩縣ニ於テ實地踏査之上國標建設之義本月九日附甲才三十八号ヲ以テ御協議之趣致熟考候處右嶋嶼之義ハ清國々境ニモ接近致候曩ニ踏査ヲ遂ケ候大東嶋ニ比スレハ周回モ小サキ趣ニ相見ヘ殊ニ清國ニ者其嶋名モ附シ有之然ニ就而者近時清國新聞紙抔ニモ我政府ニ於テ臺湾近傍清国所属之嶋嶼を占據セシ等之風説ヲ掲載シ我國ニ對シテ猜疑を抱き頻ニ清政府之注意を促シ候モノモ有之候様ニ付此際遽ニ公然國標ヲ建設スル等ノ處置有之候而者清國之疑惑を招き候間差向實地ヲ踏査セシメ港湾ノ形状并ニ土地物産開拓見込有無等詳細報告セシムルノミニ止メ國標ヲ建テ開拓等ニ着手スル者他日之機會ニ譲候方可然存候且曩ニ踏査セシ大東島ノ事并ニ今回踏査之事共官報并ニ新聞紙ニ掲載不相成候方可然存候間夫々御注意相成置候様致度候右回答旁拙官意見申進候也

追テ御差越之書類及御返付候

御落手相成度候也

【念法】

明治十八年十月十六日起草

同年十月廿一日發遣

卿　印　　　　　　　　　　　　　　主任　署名

輔　交信局長　印

親展第三十八號

親展

内務卿伯爵山縣有朋殿　外務卿伯爵井上馨

沖繩縣ト清國福州トノ間ニ散在セル無人嶋久米赤嶌外二嶋沖

繩縣ニ於テ實地踏査之上國標建設之義本月九日附甲第三十八號

ヲ以テ御協議之趣致熟考候處右嶋嶼之義ハ清國々境ニ

モ接近致候曩ニ踏査ヲ遂ケ候大東嶋ニ比スレハ周回モ小サキ

趣ニ相見ヘ殊ニ清國ニ者其嶋名モ附シ有之然ニ就而者近時清國

新聞紙抔ニモ我政府ニ於テ臺灣近傍清國所屬之嶋嶼ヲ占據セシ等

之風説ヲ掲載シ我國ニ對シテ猜疑ヲ抱キ頻ニ清政府之注意を促シ

候モノモ有之候樣ニ付此際遽ニ公然國標ヲ建設スル等ノ處

置有之候而者清國之疑惑ヲ招キ候間差向實地ヲ踏査セシメ港灣

ノ形狀幷ニ土地物産開拓見込有無等詳細報告セシムルノミニ止メ

國標ヲ建テ開拓等ニ着手スル者他日之機會ニ讓候方可然存

候　且曩ニ踏査セシ大東島ノ事幷ニ今回踏査之事共官報幷ニ新聞

紙ニ掲載不相成候方可然存候　間夫々御注意相成置候樣

致度候右回答旁拙官意見申進候也

追テ御差越之書類及御返付候

御落手相成度候也

【日译】

　　卿　印　　　　　　　　主任　署名
　　輔　　交信局長　印

　　親展第三十八号
　　親展
　　内務卿伯爵山縣有朋殿
　　沖縄県と清国福州との間に散在している無人島久米赤島その他二島に
ついて、沖縄県が実地踏査の上で国標を建設する件につき、本月九日付け甲
第三十八号にて御協議された内容を熟考いたしました。右島嶼につきまして
は、清国国境にも接近しております。先日踏査を行いましたが、大東島と比
べますと、島の周回も短いように見られます。さらには清国ではその島名も
つけられております。そして、就而者最近清国の新聞などでも、我が政府が
台湾近傍の清国所属島嶼を占拠したなどの風説が掲載されており、我が国に
対して猜疑心を抱き、清政府の注意を頻りに促しているものもあります。つ
きましては、このような情況下において俄に公然と国標を建設するなどの処
置がありましたならば、清国の疑惑を招きますので、差し当たっては実地を
踏査させて、港湾の形状並びに土地や物産の開拓の見込みの有無などを詳細
に報告させるに止め、国標を建て開拓などに着手するのは、他日の機会に譲
ることがよろしいのではないかと思います。しかも先日踏査した大東島の
件、並びに今回の踏査の件は、官報と新聞に掲載しないことがよろしいので
はないかと思われますので、それぞれご注意置かれますよういたしたいと思
います。以上回答の傍ら、拙官の意見を申し上げました。

　　　　　　　　　　　　　　明治十八〔1885〕年十月十六日起草
　　　　　　　　　　　　　　同年十月二十一日発遣
　　　　　　　　　　　　　　外務卿伯爵井上馨
　　追伸：御送付の書類はご返付いただきたいと思います。

【中译】

亲展第38号

亲展

内务卿伯爵山县有朋阁下：

关于冲绳县对散落于冲绳县与清国福州间之无人岛——久米赤岛及另外两岛在实地调查基础上而建立国标的事宜，对本月9日甲第38号商议的内容进行了详细研究，几经思虑后认为，上述岛屿靠近清国国境，其岛周长看似比日前实地考察的大东岛短，且清国已赋其岛名。另外，近来清国报纸等，似盛载我政府欲占据台湾附近的清国属岛之传言，对我国怀有猜疑，频频敦促清政府注意。故此际如有遽尔公然建立国标等处置，恐招致清国之猜忌。当前仅拟派人进行实地调查，并就其港湾形状及有无开发土地、物产前景等问题呈上详细报告。至于建立国标着手开拓等事，应俟他日时机。请诸位注意，已调查大东岛一事，及此次调查之事，恐均不刊载于官报及报纸为宜。上述答复顺申拙官之见。

明治十八年十月二十一日

外务卿伯爵井上馨

追申：望处理后返还此文件。

秘第218号之2

【原档】

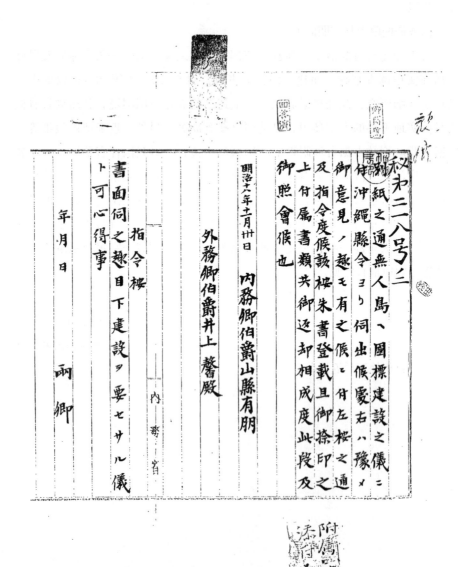

秘第二一八号之二

別紙之通無人島ヘ國標建設之儀ニ
付沖繩縣令ヨリ伺出候處右ハ豫メ
御意見ノ趣モ有之候ニ付左桜之通
及指令度候該樓ヘ朱書登載且御捺印之
上付屬書類共御返却相成度此段及
御照會候也

明治六年十二月廿四日　　内務卿伯爵山縣有朋

外務卿伯爵井上馨殿

指令樓

内務省

書面伺之趣目下建設ヲ要セサル儀
ト可心得事

年月日　　兩卿

0021

【原样】

秘才二一八号ノ二

　　別紙之通無人島ヘ國標建設之儀ニ付沖繩縣令ヨリ伺出候處右ハ豫メ御意見ノ趣モ有之候ニ付左桉之通及指令度候該桉朱書登載且御捺印之上付属書類共御返却相成度此段及御照會候也

　　　　　　　　明治十八年十一月卅日　内務卿伯爵山縣有朋

　　　　　　　　外務卿伯爵井上　馨殿

指令桉
書面伺之趣目下建設ヲ要セサル儀ト可心得事

　　　　　　　　年　月　日　　　　　兩　卿

【念法】

秘第二一八號号ノ二

別紙之通無人島ヘ國標建設之儀ニ付沖繩縣令ヨリ伺出候

處右ハ豫メ御意見ノ趣モ有之候ニ付左桜之通及指令度

候該桜朱書登載且御捺印之

上附屬書類共御返却相成度此段及御照會候也

明治十八年十一月卅日　内務卿伯爵山縣有朋

外務卿伯爵井上馨殿

指令桜

書面伺之趣目下建設ヲ要セサル儀ト可心得事

年月日　　　　　兩卿

【日译】

秘第218号ノ2

外務卿伯爵井上馨殿

　別紙にありますように、無人島に国標建設の件につき、沖縄県令より伺がありました。そこで、この件について元来御意見の様子もありました。そこで、左案のように、指令を行いたいと思います。この案に朱書きを添えられ御捺印の上で付属書類と一緒にご返却願いたく御照会した次第でございます。

明治十八〔1885〕年十一月三十日

内務卿伯爵山縣有朋

指令案

　書面伺の点につき、目下国標の建設を必要としないと心得るべきこと。

年　月　日

両　卿

【中译】

秘第218号之2

外务卿伯爵井上馨阁下：

关于按照附件内容在无人岛建立国标一事，由冲绳县令呈上请示，因对此事件下官原有意见，欲照左案作出批示。请批改该案，盖章之后与附件一并返还。特此照会。

明治十八年十一月三十日
内务卿伯爵山县有朋

批下方案
关于贵方请示，目前无须建立。

年　月　日
两　卿

秘第218号之2

【原档】

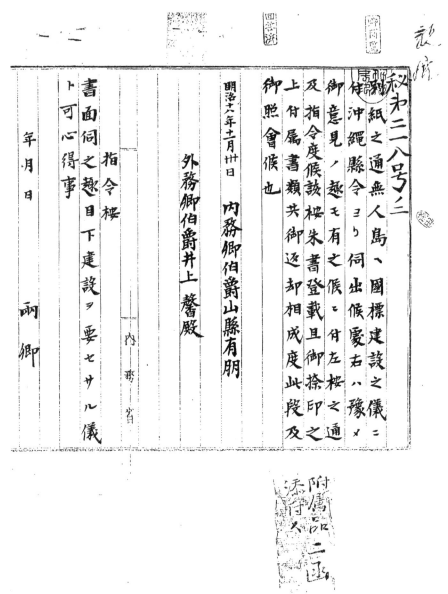

此页同于前页，因此翻译等省略。

冲绳县令西村捨三给内务卿山县有朋之信件

【原档】

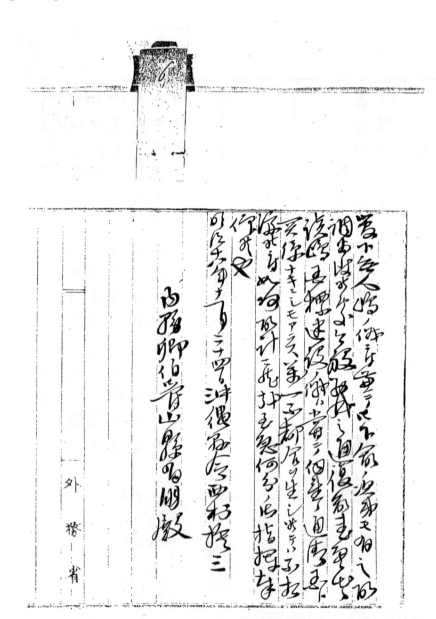

【原样】

　　管下無人嶋ノ儀ニ付兼テ御下命ノ次第モ有之取調為致候處今般別紙ノ通
復命書差出候該嶋國標建設ノ儀ハ嘗テ伺書ノ通清国ト関係ナキニシモアラス
萬一不都合ヲ生シ候テハ不相済候ニ付如何取計可然哉至急何分ノ御指揮奉仰
候也

　　　　　　　　　　　　明治十八年十一月二十四日沖縄縣令西村捨三

　　　　　　　　　　　　　　　内務卿伯爵山縣有朋殿

【念法】

管下無人嶋ノ儀ニ付兼テ御下命ノ次第モ有之取調為致候處

今般別紙ノ通復命書差出候該嶋國標建設ノ儀ハ嘗テ伺書ノ

通清國ト關係ナキニシモアラス萬一不都合ヲ生シ候テハ不相濟

候ニ付如何取計可然哉至急何分ノ御指揮奉仰候也

明治十八年十一月二十四日沖繩縣令西村捨三

内務卿伯爵山縣有朋殿

【日译】

内務卿伯爵山縣有朋殿

管轄下の無人島の件につき、かねてより御下命の経緯（次第）もありましたので、調査をさせましたところ、今般別紙のように復命書が提出されてきました。該島国標建設の件は、以前の伺書にあったように、清国と関係がないわけではありません。万一不都合な問題が生じましたならば、心苦しく思いますので、どのように取り計らうのがふさわしいのか、至急何らかの御指揮を頂きたく思います。

明治十八年十一月二十四日

沖縄県令西村捨三

【中译】

内务卿伯爵山县有朋阁下：

关于本县管辖下的无人岛事宜，下官既奉批示，已派人调查，此次接到附件复命报告。建立该岛国标之事，非与清国无关，其意曾在请示中有所陈述。下官惶恐一旦引起意外之事，苦于应对之法。于是请从速指示如何处理。

明治十八年十一月二十四日

冲绳县令西村捨三

鱼钓岛及另外两岛考察概要

【原档】

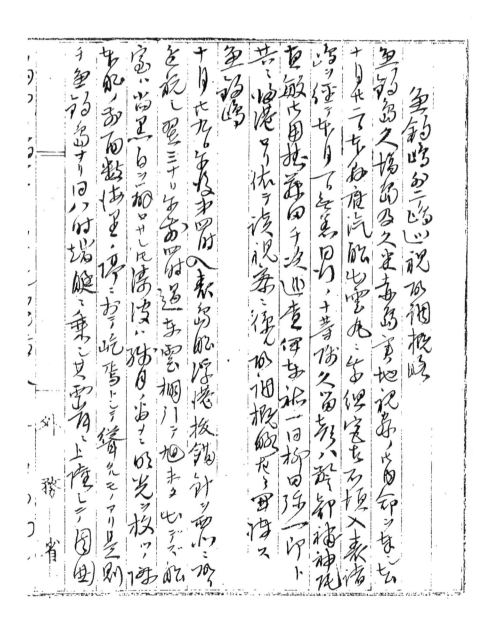

外務省

第一　是ハ黄砂状ノ土ニテ、甚シキ層ヲ生シタルモノ也

第二　是ハ清澤状ノ石層中ニテ粘着ヲ...モノナリ

第三　是ハ海ヨリ甚ダ巨大ニシテ海惯ニ多ク一種ノ岩牢

第四　是ハ石花石ナリ紫顔ニシテ... 擢ヒシナリ

第五　色蘇...ハ九ッ櫂ヒシナリ

第六　是ハ軽石ニシテハ無滴火山性ノモノトス 然レバ此ハ他ヲ深書
　　　セレモ... 一声ニ元黏出々ニ煙々ナシタルハナリ

外務省

見ノ誤ナラン

外務省

アルハトロス

Diomedea

外務省

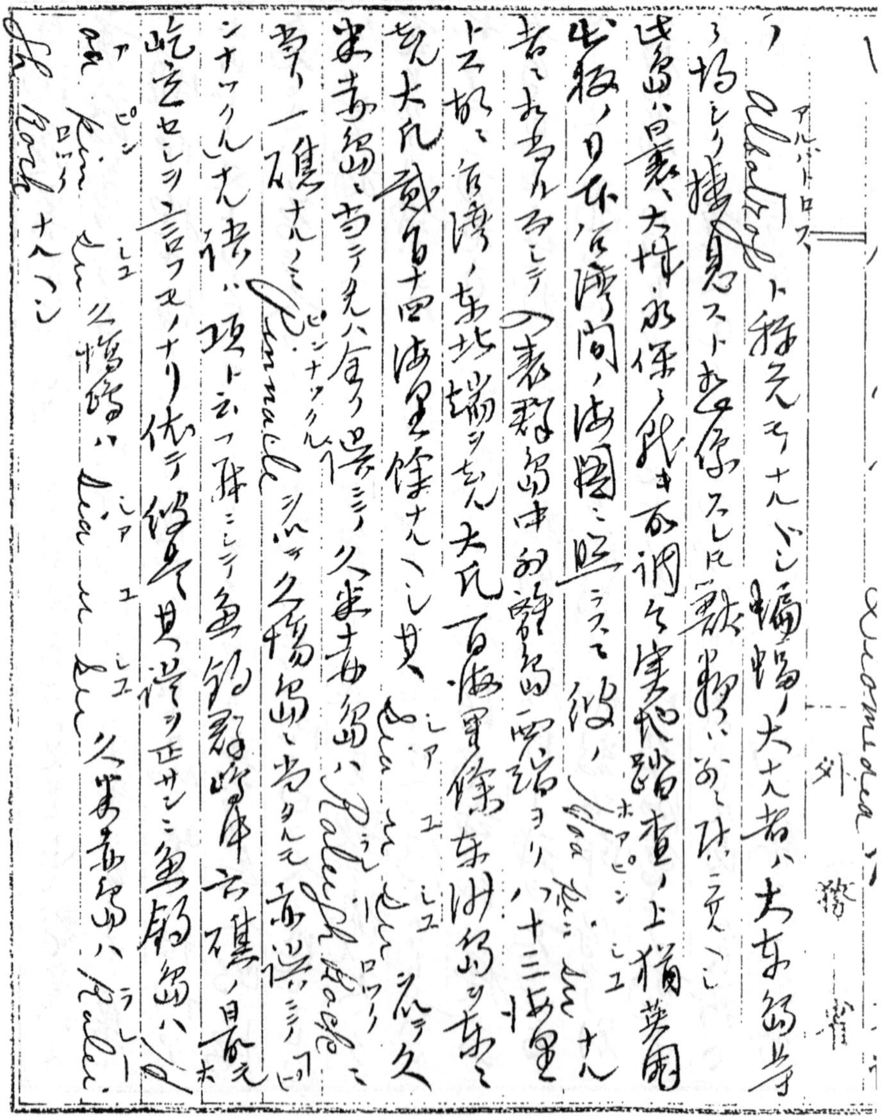

久場島

外　務　省

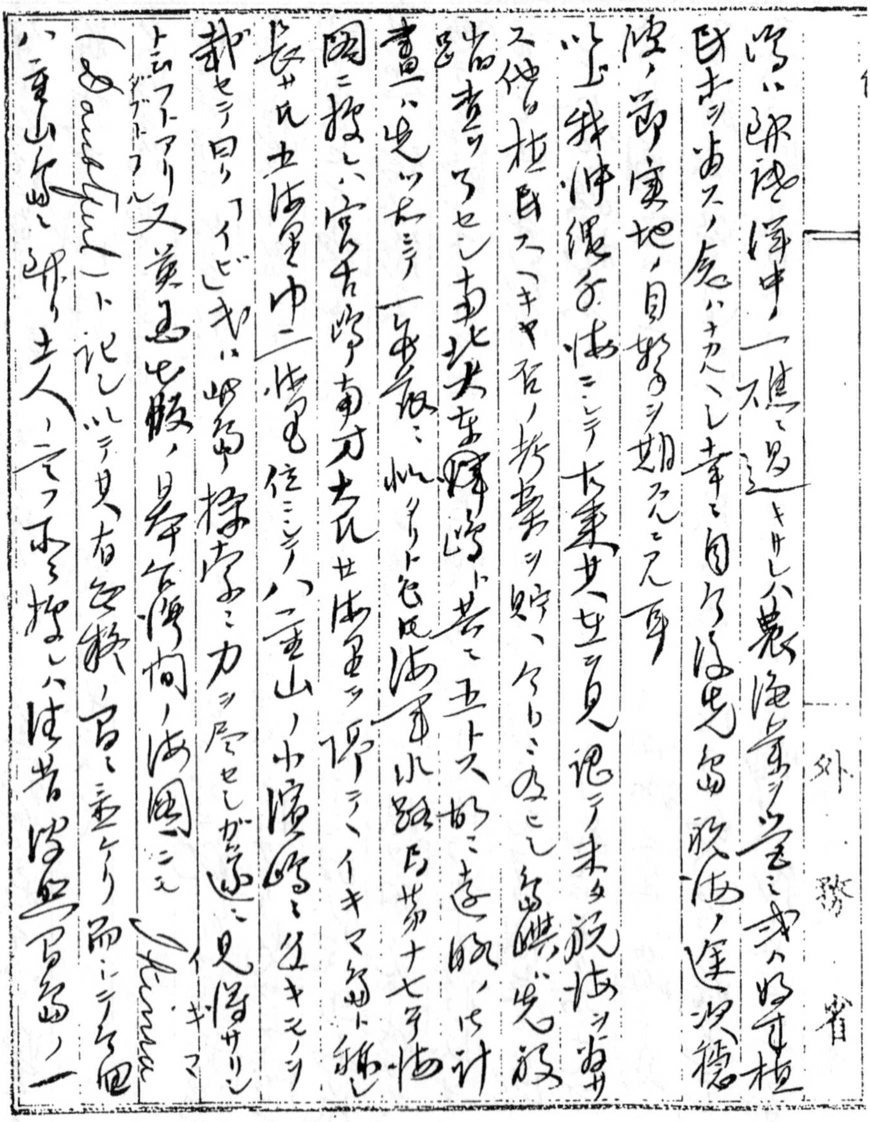

外務省

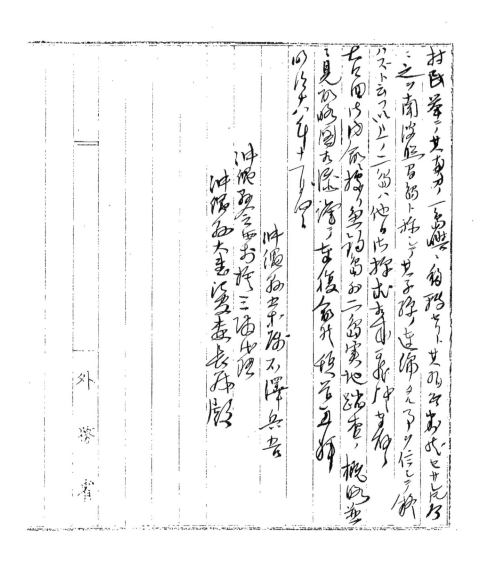

（此等文档前档案中已存故翻译在此省略）

从鱼钓岛西南岸15海里之地远望之图

【原档】

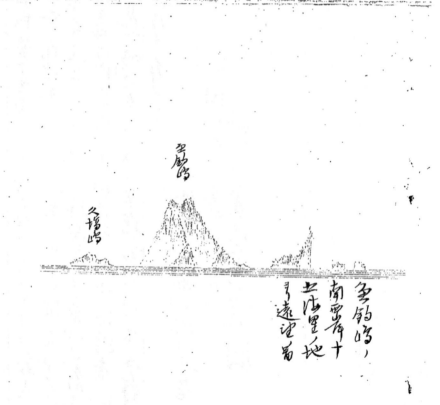

（此等文档前档案中已存故翻译在此省略）

进呈别册鱼钓、久场及久米赤岛回航报告

【原档】

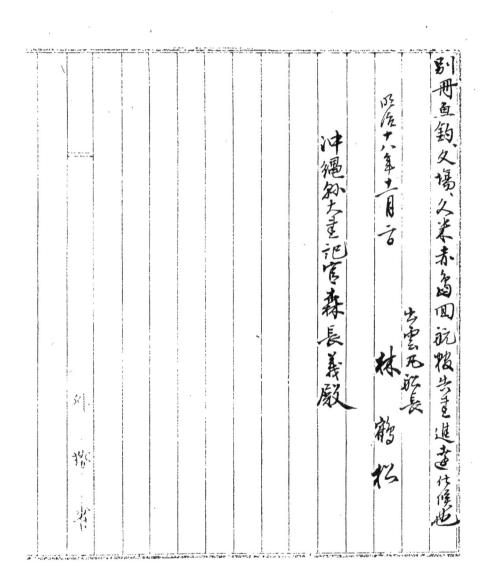

（此等文档前档案中已存故翻译在此省略）

鱼钓、久场及久米赤岛回航报告书

【原档】

（此等文档前档案中已存故翻译在此省略）

鱼钓、久场及久米赤岛回航报告

【原档】

魚釣、久場、久米赤島回航報告書

此諸嶼ハ属ス可キ船モ据説ト牛ノ景状ハ諸海路誌ニ詳悉セルヲ以テ今更ニ報告ヲ要スルモノナシ清國ニ属スル海路……

本船ハ初メ魚釣島ノ曲岸ニ就着シ牛ノ沿岸三四ケーブ……深リ且ツ牛ノ海深……

一トスルニ四十乃至五十尋ニシテ投錨ス可キ地アルヲ見ス……

魚釣及久場ノ二島ハ雄ヲ率ヒ最モ大ナルモノハ魚釣島ニシテ……砠脈ノ水……

更ニ連絡スルカ如キ大ナルモノヲ同ヒンナックル雄ト……

粘土ヲ牛ノ形状縄島ニシテ円錐形ヲ為シ雲中ニ突出……

此間ヒンナックル以上ト本島ノ海峡ハ深カ十二三尋ニシテ……

（剥楼省）

ヲ見タリト孛島ハ那覇河口ヲ距ルヿ西七政南

二百三十海里ニ在リ

久場島ハ魚釣嶋ノ北東十六海里ニ立リ海中ニ屹立

シテ沿岸峭立ナルカ為ニ内ハヒトリノ縄頂ハ六百尺ヲ擧

ヘテ魚釣嶋ヨリ更ニ狭隘ニシテ泊スルニ地ナシ

安ノ地ハ共ニ皆ナ石灰石ニシテアリ暖地苷ノ菌樹叢ノ石

草ニ茂生スルモ嘗テ為ノ圃ノ村栗ナキヲ以テノ魚釣島ノ無

ハ島ニ画祝スルヲ得唯潮流ノ極メテ速カナルヲ以テ恐ク帆

ノ船舶ハ通過スルノ本ニ変ニ難ラス

魚釣島ノ西北西岸ハ嶂ノ岸屹立シ宝高サリテ五千尺ニシテ

漸クニシテ東岸ニ傾下シ遠クノ之ヲ望メハ面上ニ直角三形ヲ

形ヲ為セリ本島ハ極メテ清ニ冨ミシテ東岸溝流ノ横

流スルヲ認メタリ海経誌ニ接ラズシテ沿岸ニ川魚ノ佳ス

ルヲ見タリト本島ハ那覇河口ニ三重城ヲ面七政南

（此等文档前档案中已存故翻译在此省略）

亲拆第42号

【原档】

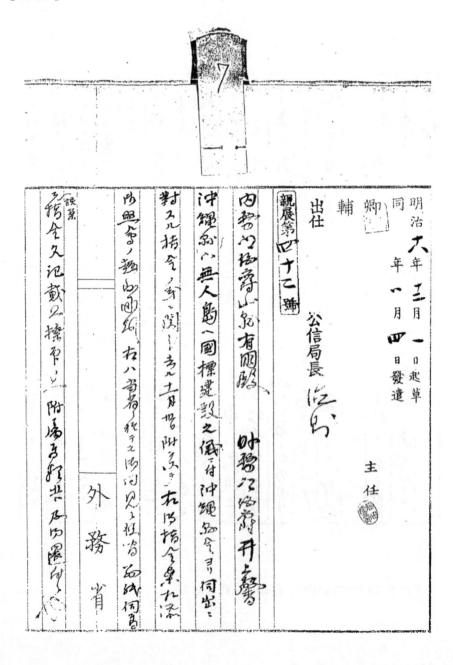

【原样】

　　明治十八年十二月一日起草
　　同年一月四日發遣
　　卿　　　　　　　　　　　主任
　　輔
　　出仕　　　公信局長
　　進展第四十二號
　　内務卿伯爵山縣有朋殿　　外務卿伯爵井上馨
　　沖縄縣下無人島へ國標建設之儀ニ付沖縄縣令ヨリ伺出ニ對スル指令ノ義ニ関シ去ル十一月卅日附ヲ以テ右御指令案相添御照會ノ趣致承知右ハ当省ニ於テモ御同見ニ候間別紙伺書ニ該案指令文記載且捺印ノ上附屬書類共及御還付候也

【念法】

めいじじゅうはちねんじゅうにがつ[ついたち]きそう
明治十八年十二月一日起草

どうねんどうがつよっかはっけん
同年同月四日發遣

きょう　　　　　　　　　　しゅにん
卿　　　　　　　　　　主任

ほ
輔

しゅっし　　　　こうしんきょくちょう
出仕　　　公信局長

しんてんだいよんじゅうにごう
進展第四十二號

ないむきょうはくしゃくやまがたありともどの　がいむきょうはくしゃくいのうえかおる
内務卿伯爵山縣有朋殿　外務卿伯爵井上馨

おきなわけんかむじんとう　こくひょうけんせつのぎ　つきおきなわけんれい　　うかがいで　たい
沖繩縣下無人島ヘ國標建設之儀ニ付沖繩縣令ヨリ伺出ニ對ス

しれい　ぎ　かんさ　じゅういちがつさんじゅうにちづけ　もっ　みぎごしれいあんあいそえごしょう
ル指令ノ義ニ関シ去ル十一月　卅　日附ヲ以テ右御指令案相添御照

かい　おもむき[しょうちいたし]みぎ　とうしょう　おい　　ごどうけん　そうろうあいだべっしうかがいしょ
會ノ趣致承知右ハ當省ニ於テモ御同見ニ候間別紙伺書ニ

がいあんしれいぶんきさいかつなついん　うえふぞくしょるいとも[ごかんぷにおよび]そうろうなり
該案指令文記載且捺印ノ上附屬書類共及御還付候也

【日译】

卿　　　　　　　　　　　主任

輔

出仕　　　公信局長

進展第42号

内務卿伯爵山縣有朋殿

　沖縄県下無人島における国標建設の件について沖縄県令より提出された伺出に対する指令に関し、先11月30日付で、右御指令案を添付して御照會されたとのこと、承知致しました。右は当省でも御同見でございますので、別紙伺書に該案指令文を記載し、かつ捺印した上で、附属書類と一緒に御還付するものでございます。

　　　　　　　　　　　　　　　　　明治十八年十二月一日起草

　　　　　　　　　　　　　　　　　同年一月四日発遺

　　　　　　　　　　　　　　　　　外務卿伯爵井上馨

【中译】

卿　　　　　　　　　　主任

辅

出仕　　　公信局长

亲拆第42号

内务卿伯爵山县有朋阁下：

冲绳县令关于在冲绳县所辖下无人岛建立国标一事，已经请示，阁下11月30日为敝处发送照会，随函附上指令方案，一切获悉。当省亦同意贵省，另纸请示上记载指令并盖章，现与附属文件一起返还也。

明治十八年十二月一日起草

同年一月四日登遣

外务卿伯爵井上馨

秘別第133号

【原档】

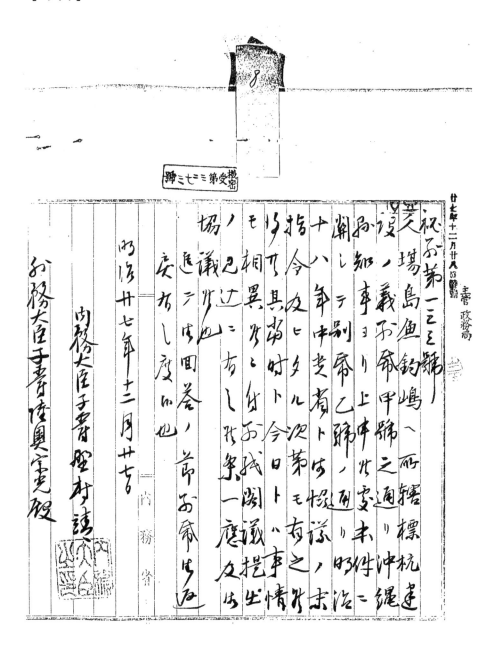

【原样】

秘別第一三三號

　　久場島魚釣嶋ヘ所轄標杭建設ノ義別呇甲號之通リ沖繩縣知事ヨリ上申候
處本件ニ關シテ別呇乙號ノ通リ明治十八年中貴省ト御協議ノ末指令及ヒタル
次第モ有之候得共其当時ト今日トハ事情モ相異候ニ付別紙閣議提出ノ見込ニ
有之候条一應及御協議候也
　　追テ御回答ノ節別呇御返
　　戾有之度候也

　　　　　　　　　　　　　　　　　　　明治廿七年十二月廿七日
　　　　　　　　　　　　　　　　　　　内務大臣子爵野村靖　印

外務大臣子爵陸奧宗光殿

【念法】

秘別第一 三 三號

久場島魚釣嶋ヘ所轄 標 杭建設ノ義別帋甲號之通リ沖繩縣知事ヨ
リ上申候 處本件ニ關シテ別帋乙號ノ通リ明治十八年中貴 省
ト御協議ノ末指令及ヒタル次第モ有之候得共其當時ト今日トハ事
情モ相異候ニ付別紙閣議提出ノ見込ニ有之候 條一應及御
協議候也
追テ御同答ノ節別帋御返戾有之度候也
明治廿七年十二月廿七日
内務大臣子爵野村靖 印
外務大臣子爵陸奧宗光殿

【日译】

秘别第133号

外務大臣子爵陸奥宗光殿：

　　久場島魚釣島に所轄標杭を建設する件、別紙甲号のように沖縄県知事より上申してまいりましたところ、本件について別紙乙号のように明治18年の間に、貴省と御協議の末、指令に至った経緯もございますが、当時と今日とでは事情も異なりますので、閣議では別紙を提出する見込みであるますこと、念のため〔貴省と〕ご協議するに至ったわけでございます。

明治二十七〔1894〕年十二月二十七日

内務大臣子爵野村靖　印

　　追伸　御回答の節には別紙を御返戻願います。

【中译】

秘别第133号

外务大臣子爵陆奥宗光阁下：

　　关于在久场岛及鱼钓岛建立所辖标桩一事，冲绳县知事请示，其内容见于另纸甲号。另关于本事，明治十八年与贵省进行磋商，乃有通知批示，亦可见于另纸乙号。但当时与现在事情相异，目前拟向阁议提交另纸，为防万一而再与贵方磋商。

　　　　　　　　　　　　　　　　　　明治二十七年十二月二十七日

　　　　　　　　　　　　　　　　　　内务大臣子爵野村靖　〔印章〕

　　再启：回答时请返还另纸。

上呈阁议方案

【原档】

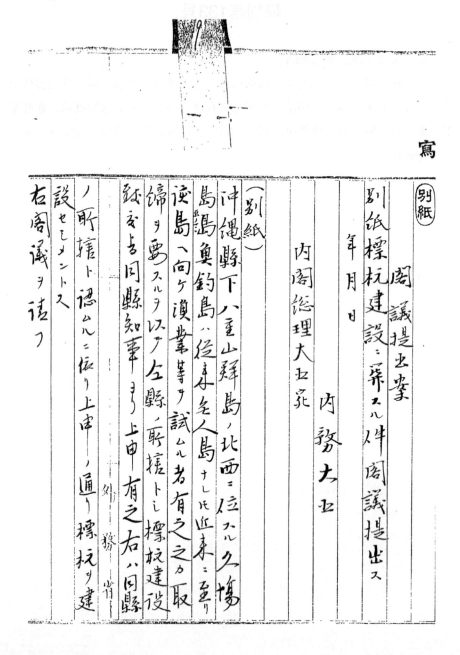

寫

別紙

閣議提出案

別紙標杭建設ニ關スル件閣議提出ス

年月日

内閣総理大臣殿

内務大臣

外務大臣

（別紙）

沖縄縣下八重山群島ノ北西ニ位スル久場島魚釣島ハ從來無人島ナレ比近來ニ至リ該島ヘ向ヶ漁業等ヲ試ムル者有之之カ取締ヲ要スルヲ以テ全縣ノ所轄トシ標杭建設致度旨同縣知事ヨリ上申有之候右ハ同縣ノ所轄ト認ムルニ依リ上申ノ通リ標杭ヲ建設セシメントス

右閣議ヲ請フ

【原样】

別紙

閣議提出案

別紙標杭建設ニ関スル件閣議提出ス

年月日
内務大臣

内閣総理大臣宛

（別紙）

沖縄縣下八重山群島ノ北西ニ位スル久塲島島魚釣島ハ従来無人島ナレトモ近来ニ至リ

該島ヘ向ケ漁業等ヲ試ムル者有之之カ取締ヲ要スルヲ以テ全縣ノ所轄トシ標杭建設

致度旨同縣知事ヨリ上申有之右ハ同縣ノ所轄ト認ムルニ依リ上申ノ通リ標杭ヲ建設セシメントス

右閣議ヲ請フ

【念法】

別^{べっし}紙

閣^{かくぎ}議提^{ていしゅつあん}出案

別^{べっし}紙標^{ひょうこうけんせつ}杭建設ニ關^{かん}スル件閣^{けんかくぎ}議提^{ていしゅつ}出ス

年^{ねんがっぴ}月日

内^{ないむだいじん}務大臣

内^{ないかくそうりだいじんあて}閣總理大臣宛

（別^{べっし}紙）

沖^{おきなわけん}繩縣^か下^や八^え重^{やまぐんとう}山群島ノ北^{ほくせい}西ニ位^{くらい}スル久^{くばじま}塲島島^{うおつりじま}魚釣島ハ從^{じゅうらいむ}來無

人^{じんとう}島ナレトモ近^ど來^{きんらい}ニ至^{いた}リ該^{がいとう}島ヘ向ケ漁^む業^{ぎょぎょうなど}等ヲ試^{こころ}ムル者有^{もの[これあり]これ}之之カ取^{がとり}

締^{しまり}ヲ要^{よう}スルヲ以^{もっ}テ全^{どうけん}縣ノ所^{しょかつ}轄トシ標^{ひょうこうけんせついたしたきむねどうけんちじ}杭建設致度旨同縣知事ヨリ

上^{じょうしん[これあり]みぎ}申有之右^{どうけん}ハ同縣ノ所^{しょかつ}轄ト認^{みとむ}ムルニ依^よリ上^{じょうしん}申ノ通^{とお}リ標^{ひょうこう}杭ヲ建設^{けんせつ}セ

シメントス

右^{みぎかくぎ}閣議ヲ請^{こう}フ

【日译】

別紙

閣議提出案

内閣総理大臣閣下
別紙標杭建設に関する件、閣議に提出します。

年月日
内務大臣

（別紙）
　沖縄県下八重山群島の北西に位置する久場島、魚釣島は従来無人島であったが、最近に至り該島に向かい漁業等を試みる者がおります。これを取締る必要より、同県の所轄として標杭を建設いたしたき旨の上申を同県知事より受け取りました。右は同県の所轄と認められるということで、上申の通り標杭を建設させたいと思います。
　右閣議をお願い申し上げます。

【中译】

另纸

上呈阁议方案

内阁总理大臣阁下：
关于按另纸内容建立标桩一事，呈上阁议。

年月日
内务大臣

〔另纸〕

久场岛及鱼钓岛位于冲绳县辖下八重山群岛西北，两岛迄今为无人岛，然近来有在此岛尝试渔业诸类者。据同县知事请示称，欲建立标桩以示为同县所辖，以便监管之。该群岛被认为同县所辖，故可按请示内容建立标桩。请阁议定夺。

关于将本县所辖标桩建立于久场岛及鱼钓岛的请示

【原档】

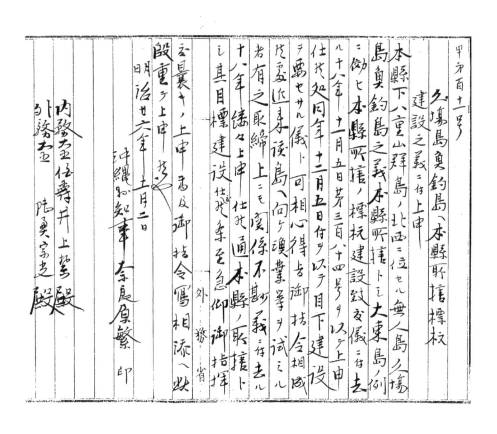

【原样】

甲才百十一号

久塲島魚釣島ヘ本縣所轄標杭建設之義二付上申

本縣下八重山群島ノ北西二位セル無人島久塲島魚釣島之義本縣所轄トシ大東島ノ例

二倣ヒ本縣所轄ノ標杭建設致度儀二付去ル十八年十一月五日第三百八十四号ヲ以テ上申仕候処同年十二月五日付ヲ以テ目下建設ヲ要セサル儀ト可相心得旨御指令相成候處近来該島ヘ向ケ漁業等ヲ試ミル者有之取締上二モ関係不尠義二付去ル十八年縷々上申仕候通本縣ノ所轄トシ其目標建設仕度候条至急仰御指揮度曩キノ上申書及御指令寫相添ヘ此段重テ上申候也

明治廿六年十一月二日

沖縄縣知事奈良原繁　印

内務大臣伯爵井上馨殿
外務大臣陸奥宗光殿

【念法】

甲第百 十一號

久塲島魚釣島ヘ本縣所轄標杭建設之義ニ付上申

本縣下八重山群島ノ北西ニ位セル無人島久塲島魚釣島之義本縣

所轄トシ大東島ノ例ニ倣ヒ本縣所轄ノ標杭建設致度儀ニ付去ル

十八年十一月五日第三百八十四號ヲ以テ上申仕候 處

同年十二月五日付ヲ以テ目下建設ヲ要セサル儀ト可相心得旨御指令

相成候 處近來該島ヘ向ケ漁業等ヲ試ミル者有之取締上ニモ

關係不 尠義ニ付去ル十八年縷々上申仕候通本縣ノ所轄

トシ其目標建設仕度候條至急仰御指揮度曩キノ上申書及

御指令寫相添ヘ此段重テ上申候也

明治廿六年十一月二日

沖繩縣知事奈良原繁 印

内務大臣伯爵井上馨殿

外務大臣陸奥宗光殿

【日译】

甲第111号

久場島、魚釣島における本県所轄標杭建設の件に関する上申

内務大臣伯爵井上馨殿及び外務大臣陸奥宗光殿

本県下八重山群島の北西に位置している無人島の久場島・魚釣島を本県の所轄となし、大東島の例にならって本県所轄の標杭を建設したい件につき、先18年11月5日第384号の中で上申いたしましたところ、同年12月5日付で目下建設の必要なしと考えておくようご指令がありました。しかし、最近該島へ向かい漁業などを試みる者があり、取締の上で関係が少なくないため、先18年に縷々上申いたしました通り、本県の所轄とし、その目印を建設いたしたき旨至急御指揮をお願い致したく、前回の上申書及び御指令写しを添付し、今回あらためて上申させていただきます。

明治二十六年十一月二日

沖縄県知事奈良原繁　印

【中译】

甲第111号

关于将本县所辖标桩建立于久场岛及鱼钓岛的请示

内务大臣伯爵井上馨阁下及外务大臣陆奥宗光阁下：

久场岛及鱼钓岛均为无人岛，位于本县所辖八重山群岛西北方。下官欲将此两岛视为本县所辖，欲按大东岛之例建立本县所辖之标桩，明治十八年十一月五日第384号已经上报其旨。后接到同年十二月五日批示，内称目前无须建立之。然近来有试赴该岛从事渔业诸类者，国标事宜与监管渔业关系密切，因而下官欲按明治十八年请示，将该岛定为本县所辖，并建立标桩。管见是否适当，请从速指示。在此将上次请示及指示抄件附上，伏乞各位指示。

明治二十六年十一月二日

冲绳县知事奈良原繁 〔印章〕

对鱼钓岛及另外两岛实地调查的请示

【原档】

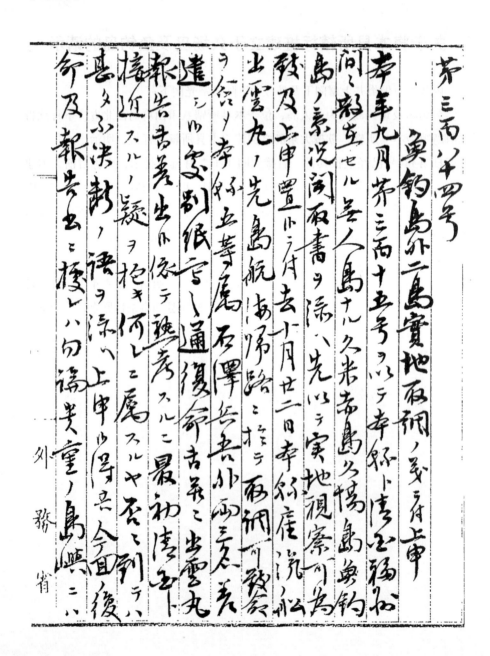

外務省

是ニ依リ得ヘキ地形モ偏スルモノハ即チ我ノ八重山
群島ノ北西ニアルヲ以テ與那國島ヲ遙ニ東北ニ位スレハ
幸ニ彼ノ所轄ト云決定スルヲ得ス萬一秘考ノ末ニ
テ此ノ大東島ノ例ニ做ハ幸ニ彼ノ所轄ノ標札ヲ
釣島久場島（船役都會ヨリ）云ヲ以テ建設致度
裁然ニ宮古石垣島ノ南方ニ有モイキマ島及八重
山島尾沙昭間諸島ノ南ニ有モ南波照間島ノ
有ニ無共屋汽船出雲丸ノ先島祝ノ序ヲ
以テ探究致シ可無共差歌兩條何分ノ御指揮
ヲ仰ク此段上申候也

昭治十八年十月九日

　　沖縄縣令西村捨三

内務卿伯爵山県有朋殿

【原样】

第三百八十四号

魚釣島外二島實地取調ノ義ニ付上申

本年九月第三百十五号ヲ以テ本縣ト清国福州間ニ散在セル無人島ナル久米赤島久場島魚釣島ノ景況聞取書ヲ添ヘ先以テ実地視察可為致及上申置候ニ付去十月廿二日本縣雇汽舩出雲丸ノ先島航海帰路ニ於テ取調可致命ヲ含メ本縣五等属石澤兵吾外両三名差遺シ候處別紙写之通復命書并ニ出雲丸報告書差出候依テ熟考スルニ最初清国ト接近スルノ疑ヲ抱キ何レニ属スルや否ニ到テハ甚タ不決断ノ語ヲ添ヘ上申候得共今回ノ復命及報告書ニ據レハ勿論貴重ノ島嶼ニハ無之候得共地形ヨリ論スルトキハ則チ我八重山群島ノ北西ニシテ與那國島ヨリ遙ニ東北ニ位スレハ本縣ノ所轄ト御決定相成可然哉ニ被考候果シテ然ハ大東島ノ例ニ倣ヘ本縣所轄ノ標札魚釣島久場島ヘ舩便都合ヲ以テ建設致可然哉并ニ宮古島ノ南方ニ有之「イキマ」島及八重山島属波照間島ノ南ニ有之南波照間島ノ有無共雇汽舩出雲丸ノ先島航ノ序ヲ以テ探究致可然哉前顕両條何分ノ御指揮ヲ仰度此段上申候也

明治十八年十一月五日

沖縄縣令 西村捨三

内務卿伯爵山縣有朋殿

【念法】

第三百八十四號
（だいさんびゃくはちじゅうよんごう）

魚釣島外二島實地取調ノ義ニ付上申
（うおつりじまほかにとうじっちとりしらべ ぎ つきじょうしん）

本年九月第三百十五號ヲ以テ本縣ト清國福州間ニ散在セル
（ほんねん くがつだいさんびゃくじゅうごこう もっ ほんけん しんこくふくしゅうかん さんざい）

無人島ナル久米赤島久場島魚釣島ノ景況聞取書ヲ添ヘ先以テ實地
（むじんとう くめあかじままく ばじまうおつりじま けいきょうききとりしょ そえまずもっ じっち）

視察可為致及上申置候ニ付去十月廿二日本縣雇汽舩
（しさつ[いたすべく][じょうしんにおよび]おきそうろう つきさるじゅうがつにじゅうに にちほんけんやといきせん）

出雲丸ノ先島航海歸路ニ於テ取調可致命ヲ含メ本縣五等屬石澤
（いづもまる さきしまこうかいきろ おい とりしらべ[いたすべき]めい ふく ほんけんごとうぞくいしざわ）

兵吾外兩三名差遣シ候處別紙寫之通復命書丼ニ出雲丸
（ひょうご ほかりょうさんめいさしつかわ そうろうところべっし うつし の とおりふくめいしょならび いづもまる）

報告書差出候依テ熟考スルニ最初清國ト接近スルノ疑ヲ抱キ
（ほうこくしょさしだしそうろうより じゅっこう さいしょしんこく せっきん うたがい いだ）

何レニ屬スルヤ否ニ到テハ甚タ不決斷ノ語ヲ添ヘ上申候得共今
（いず ぞく いな いたり はなはだ ふけつだん ご そえじょうしんそうら えどもこん）

囘ノ復命及報告書ニ據レハ勿論貴重ノ島嶼ニハ無之候得共地形
（かい ふくめいおよびほうこくしょ よ ばもちろん きちょう とうしょ [これなく]そうら えどもちけい）

ヨリ論スルトキハ則チ我八重山群島ノ北西ニシテ與那國島ヨリ遙
（ろんず すなわ わがやえやまぐんとう ほくせい よなぐにじま はるか）

ニ東北ニ位スレハ本縣ノ所轄ト御決定相成可然哉ニ被考候
（とうほく くらい ば ほんけん しょかつ ごけっていあいなり[しかるべき]や [かんがえられ]そうろう）

果シテ然ハ大東島ノ例ニ倣ヘ本縣所轄ノ標札魚釣島久場島
（はた しかればだいとうじま れい なら （い）ほんけんしょかつ ひょうさつうおつりじままく ばじま）

ヘ舩便都合ヲ以テ建設致可然哉丼ニ宮古島ノ南方ニ有之「イ
（せんびん つごう もっ けんせついたし[しかるべき]や ならび みやこじま なんぽう [これある]）

キマ」島及八重山島屬波照間島ノ南ニ有之南波照間島ノ有無共
（じまおよびや えやまじまぞくはてるまじま みなみ [これある]みなみ はてるまじま うむとも）

雇汽舩出雲丸ノ先島航ノ序ヲ以テ探究致可然哉前顯兩條
（やといきせんいづもまる さきしまこう ついで もっ たんきゅういたし[しかるべき] やぜんけんりょうじょう）

何分ノ御指揮ヲ仰度此段上申候也

明治十八年十一月五日

沖縄縣令西村捨三

内務卿伯爵山縣有朋殿

【日译】

第384号

魚釣島ほか二島に対する実地調査の件に関する上申

内務卿伯爵山縣有朋殿

　本年9月第355号で、本県と清国福州との間に散在している無人島である久米赤島・久場島・魚釣島の景況に関する聞取書を添え、まず実地視察をさせるよう上申するに至りました。つきましては、先10月22日に本県雇の汽船出雲丸が先島を航海した後の帰路において調査を行う命令を含め、本県五等属の石澤兵吾ほか二三名を差遣しましたところ、別紙写しのように復命書ならびに出雲丸報告書が提出されました。これにより熟考しますに、最初清国と接近しているのではないかという疑いを抱き中国と日本のどちらに属するのかについては、はなはだ決断的でない語を添え上申しました。しかし、今回の復命及び報告書によれば、貴重の島嶼ではもちろんございませんが、地形より論じれば、我が国の八重山群島の北西、与那国島よりはるか東北に位置するので、本県の所轄と御決定されるのがふさわしいかと考えられます。もしもそうされれば、大東島の例にならい、本県所轄の表札を魚釣島・久場島にて、船便の都合を待ち建設すべきかどうか、並びに宮古島の南方にある「イキマ」島及び八重山島属の波照間島の南にある南波照間島の有無につき全て、雇汽船出雲丸の先島航行のついでに探求いたすべきかどうか、以上二条について何分か御指揮を仰ぎたく上申いたします。

明治十八〔1885〕年十一月五日
沖縄県令西村捨三

【中译】

第384号

对鱼钓岛及另外两岛实地调查的请示

内务卿伯爵山县有朋阁下：

本年九月下官以第315号上报久米赤岛、久场岛及鱼钓岛之情况，以此三岛均为无人岛，散落本县与清国福州间，应派人就地勘查。同年十月二十二日，发出批示，饬本县五等文官石泽兵吾及另外两三名出差，趁本县所雇汽船出云丸号航海先岛归路之便，就地勘查。而后提出复命书及出云丸号报告，另纸抄件便是。小官窃查，当初系念该岛近于清国，是以就属于日本还是中国一事，以甚难决断之语曾经通禀阁下。然据此次复命及报告称，该岛虽非贵重岛屿，以地形论之，则位于我国八重山群岛西北方向，亦在距与那国岛东北方向遥远之地，谅宜定为本县所辖。倘若定为本县所辖，则应否取法大东岛之例，俟航行时，将本县所辖之标桩建立于鱼钓岛及久场岛？又，宫古岛南方及八重山岛所属波照间岛南方，似分别有「イキマ」（Ikima）岛与南波照间岛，应否趁所雇汽船出云丸号先岛航行之便，探究其有无？在此上报，以伏乞阁下就上述两条裁决也。

明治十八年十一月五日

冲绳县令西村捨三

桩标案否决案

【原档】

書面伺ノ趣目下建設ヲ要セサル儀ト可得

明治十八年十二月五日

外務卿伯爵井上馨

内務卿伯爵山縣有朋

外務省

【原样】

書面伺ノ趣目下建設ヲ要セサル儀ト可心得事

明治一八年十二月五日

外務卿伯爵　井上馨
内務卿伯爵　山縣有朋

【念法】

書面_{しょめんうかがい}伺ノ趣 目下建設ヲ要セサル儀ト可心得事

明治一八年十二月五日

外務卿伯爵井上 馨

内務卿伯爵山縣有朋

【日译】

書面伺の件につき、目下建設の必要なしと心得ること。

明治十八〔1885〕年十二月五日

外務卿伯爵　井上馨
内務卿伯爵　山縣有朋

【中译】

关于请示事宜，当前以不建立为宜。

明治十八年十二月五日

外务卿伯爵　井上馨
内务卿伯爵　山县有朋

关于无人岛（久场岛与鱼钓岛）事宜的请示

【原档】

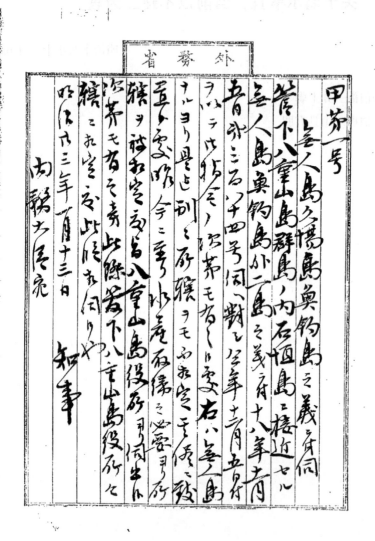

【原样】

甲第一号

無人島久場島魚釣島之義ニ付伺

　管下八重山群島ノ内石垣島ニ接近セル無人島魚釣島外二島之義ニ付十八年十一月五日第三百八十四号伺ヘ對シ仝年十二月五日付ヲ以テ御指令ノ次第モ有之候處右ハ無人島ナルヨリ是迄別ニ所轄ヲモ不相定其儘ニ致置候處昨今ニ至リ水産取締ノ必要ヨリ所轄ヲ被相定度旨八重山島役所ヨリ伺出候次第モ有之旁此際管下八重山島役所々轄ニ相定度此段相伺候也

　　　　　　　　　　　　　明治廿三年一月十三日　　　知事
内務大臣宛

【念法】

こうだいいちごう
甲 第 一 號

無人島久場島魚釣島之義ニ付 伺

管下八重山群島ノ内石垣島ニ接近セル無人島魚釣島外二島之義

ニ付十八年十一月五日第三百八十四號伺ヘ對シ全年十二月

五日付ヲ以テ御指令ノ次第モ有之候處右ハ無人島ナルヨリ是迄別

ニ所轄ヲモ不相定其儘ニ致置候處昨今ニ至リ水産取締ノ必

要ヨリ所轄ヲ被相定度旨八重山島役所ヨリ伺出候次第モ有之

旁此際管下八重山島役所々轄ニ相定度此段相伺候也

明治廿三年一月十三日　知事

ない む だいじんあて
内務大臣宛

【日译】

甲第1号

無人島久場島魚釣島の件に関する伺

内務大臣閣下

　管下にある八重山群島のうち、石垣島に接近している無人島である魚釣島ほか二島の件について、明治18〔1885〕年11月5日第384号伺に対し同年12月5日付で御指令の次第もございました。右は無人島であるため、これまで別に所轄を定めることもなく、そのままにしておいたのですが、昨今に至り水産取締の必要から所轄を定めたいという旨の伺が八重山島役所より提出された経緯もあり、この際管下の八重山島役所の所轄と定めたく、今回伺を立てるわけでございます。

明治二十三〔1890〕年一月十三日

知事

【中译】

甲第1号

关于无人岛（久场岛与鱼钓岛）事宜的请示

内务大臣阁下：

关于邻近本官管辖下八重山群岛内石垣岛的无人岛——鱼钓岛及另外两岛事宜，明治十八年十二月五日，已对同年十一月五日第384号请示作出批示。上述岛屿为无人岛，迄今尚未确定其所辖，搁置不理。近年因监管水产业之需要，故八重山岛官署报请确定其所属。借此机会，请求将其划归为本管辖下之八重山岛官署所辖。

知事

明治二十三年一月十三日

县冲第6号

【原档】

縣沖第六号

本年一月十三日甲第一号ヲ以テ無人島ヘ
斫伐ノ義ニ付伯耆ト□□□□□十六年
十月五日御縣ヨリ三百八十四号伺□□□
年十二月五日令ノ趣末タ調上ノ用ニ
住右ノ次第巡迴遲有之□□段及照會候也

明治廿三年二月□日

内務省知法局長末松□□□

沖縄県知事□□□□□殿

外務省

【原样】

縣沖第六号

　本年一月十三日甲才一号ヲ以テ無人島役所所轄之義ニ付伺書被差出候處
十八年十一月五日御縣才三百八十四号伺ヘ對スル同年十二月五日指令ノ顛末
書取調上入用ニ付右ノ写御廻送有之度此段及照會候也

明治二十三年二月七日

内務省縣治局長末松謙澄

沖縄縣知事丸岡莞爾殿

【念法】

<ruby>縣沖第六號<rt>けんおきだいろくごう</rt></ruby>

<ruby>本 年 一 月 十 三 日 甲 第 一 號 ヲ 以 テ 無 人 島 役 所 所 轄 之 義 ニ 付　伺<rt>ほんねんいちがつじゅうさんにちこうだいいちごう　もっ　むじんとうやくしょしょかつのぎ　つきうかがい</rt></ruby>

<ruby>書 被 差 出 候　處 十 八 年 十 一 月 五 日 御 縣 第 三 百 八 十 四 號　伺<rt>しょ[さしだされ]そうろうところじゅうはちねんじゅういちがついつか おんけんだいさんびゃくはちじゅうよんごううかがい</rt></ruby>

<ruby>ヘ 對 ス ル 同 年 十 二 月 五 日 指 令 ノ 顚 末 書 取　調 上 入 用 ニ 付 右 ノ　寫<rt>たい　どうねんじゅうにがついつか しれい　てんまつしょとりしらべのうえにゅうよう　つきみぎ　うつし</rt></ruby>

<ruby>御 廻 送 有 之 度 此 段 及　照 會 候 也<rt>ごかいそう[これあり]たくこのだん[しょうかいにおよび]そうろうなり</rt></ruby>

<ruby>明 治 二 十 三 年 二 月 七 日<rt>めいじ にじゅうさんねん にがつなのか</rt></ruby>

<ruby>内 務 省 縣 治 局　長 末 松 謙 澄<rt>ないむしょうけんちきょくちょうすえまつのりずみ</rt></ruby>

<ruby>沖 繩 縣 知 事 丸 岡 莞 爾 殿<rt>おきなわけんちじまるおかかんじどの</rt></ruby>

【日译】

県沖第6号

沖縄県知事丸岡莞爾殿：

本年1月13日甲第1号の中で、無人島を役所で所轄したい旨、伺書が提出されてきた。明治18年11月5日の御県第384号伺に対する同年12月5日指令の顛末書についてお調べの上、必要なので写しをお回し下さるよう照会いたします。

明治二十三〔1890〕年二月七日

内務省県治局長末松謙澄

【中译】

县冲第6号

冲绳县知事丸冈莞尔阁下：

据预测本年一月十三日甲第1号具禀，据称欲令役所辖治无人岛。下官欲对贵县同年十一月五日第384号禀及明治十八年十二月五日发送批示进行调查，现需其始末报告，烦请调卷发送抄件。特此照会。

明治二十三年二月七日

内务省县治局长末松谦澄

冲绳县知事回复内务省县治局长之件

【原档】

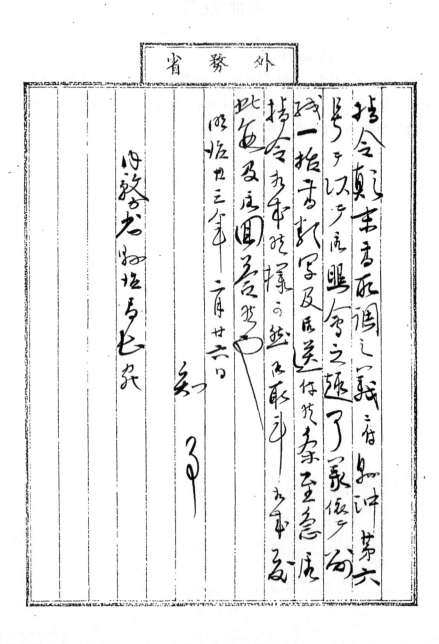

【原样】

　　指令顛末書取調之義ニ付縣沖第六号ヲ以テ御照會之趣了承依テ別紙一括
書類写及御送付候条至急御指令相成候樣可然御取計相成度此段及御回答候也

　　　　　　　　　　　　　　　　　　　明治廿三年二月廿六日
　　　　　　　　　　　　　　　　　　　　　　知事

内務省縣治局長宛

【念法】

指令顛末書取 調之義ニ付縣沖第六号ヲ以テ御照會之趣　了

承　依テ別紙一括書類写 及御送付 候　条至急御指令相成 候　様

可　然御取 計 相成度此段及御回答 候 也

明治廿 三年二月廿 六日

知事

内務省縣治局 長 宛

【日译】

内務省県治局長閣下

指令顛末書を取り調べる件について、県沖第六号の中で御照會されたこと、了承いたしました。よって、別紙一括書類写しを御送付する点につき、至急御指令がうまくいきますよう、しかるべく取り計らいたいので、ここでご回答するに至りました。

明治二十三（1890）年二月二十六日
知事

【中译】

内务省县治局长阁下：

下官接到《县冲第6号》照会，内称以批示之始末报告调卷，现已知悉。是以，下官欲尽力措办，呈上另纸一套文件抄本，以便成就批示。特此答复。

明治二十三年二月二十六日

知事

关于将国标建立于无人岛事宜之请示

【原档】

交際上従来ノ都合モ有レハ目下久シク之ヲ見合ハスル方

可シ尚本件ハ客ノ宜外務卿ノ下協議ノ上其上奏ヲ

宜ク致指令スル様此段ニ及ヒ内申ニ付

吉沢居元

甲

取捨ハ会案

書面伺ノ通同下建設ヲ要モサル義ト可心得

書

外務卿ヘ

内務ヘ

【原样】

明治十八年十一月二十七日 総務局次長白根専一花押

卿　有朋　　　官房長　久保田

輔　芳川

総務局長

第一部　　邨上　岩野　緒方

<h1 style="text-align:center">無人島國標建設ノ義ニ付伺</h1>

沖縄県

左桉ノ通夫々御處分相成度伺候也

太政官ヘ御内申案

沖縄縣ト清國福州トノ間ニ散在セル魚釣島外二島踏査ノ義ニ付別紙写ノ通全縣令ヨリ上申候處國標建設ノ義ハ清国ニ交渉シ彼是都合モ有之候ニ付目下見合候方可然ト相考候間外務卿ト協議ノ上其旨全縣ヘ致指令候條此段及内申候也

卿
太政大臣宛

御指令案

　書面伺ノ趣目下建設ヲ要セサル義ト可心得事

外務卿
内務卿

【念法】

明治十八年十一月二十七日總務局次長 白根專一花押

卿　有朋　　　官房長　久保田

輔　芳川

總務局　長

第一部　　邨上　岩野　緒方

無人島國標建設ノ義ニ付 伺

沖繩県

左桉ノ通 夫々御處分相成度 伺　候也

太政官ヘ御内申案

沖繩縣ト清國福州トノ間ニ散在セル魚釣島外二島踏査ノ義ニ

付別紙寫ノ通 全縣令ヨリ上申 候 處 國標建設ノ義ハ清國ニ交

渉 シ彼是都合モ有之 候 ニ付目下見合 候 方可然ト相考　候

間 外務卿ト協議ノ上其旨全縣ヘ致指令 候 條此段及内 申

候也

卿

太政大臣宛

御指令案

書面伺ノ趣 目下建設ヲ要セサル義ト可心得事

外務 卿

内務 卿

【日译】

明治十八年十一月二十七日総務局次長白根専一　花押
卿　有朋　　　官房長　久保田
輔　芳川
総務局長
第一部　　郵上　岩野　緒方

無人島国標建設の件に関する伺

左案の通り、それぞれ処分されますようご裁決願います。

沖縄県

太政官への御内申案

太政大臣閣下

沖縄県と清国福州との間に散在する魚釣島ほか二島踏査の件につき、別紙写しの通り同県令より上申がありました。国標建設につきましては、清国に関係し、各種都合もありますので、目下建設を見合わせるべきかと考えます。それゆえ、外務卿と協議の上、その主旨を同県へ指令致すこと、ここで御内申させていただくに至りました。

卿

御指令案

書面伺の件につき、目下建設の必要なしと心得ること。

外務卿
内務卿

【中译】

明治十八年十一月二十七日总务局次长白根专一　（押署）
卿　有朋　　　官房长　久保田
辅　芳川
总务局长
第一部　　邨上　岩野　绪方

关于将国标建立于无人岛事宜之请示

按以下方案，分别处理，不知可否，伏乞定夺。

冲绳县

呈于太政官之具禀方案
太政大臣阁下
　下官接到同县县令具禀，另纸为其抄件，据云请求踏查散落冲绳县与清国福州间之鱼钓岛及另外两岛。建立国标，关乎清国，情况复杂，目前似不宜建立。下官与外务卿商议，按其以上主旨批示同县，特此私下具禀。

卿

批示方案
关于请示事宜，当前以不建立为宜。

外务卿
内务卿

发至外务卿之照会方案

【原档】

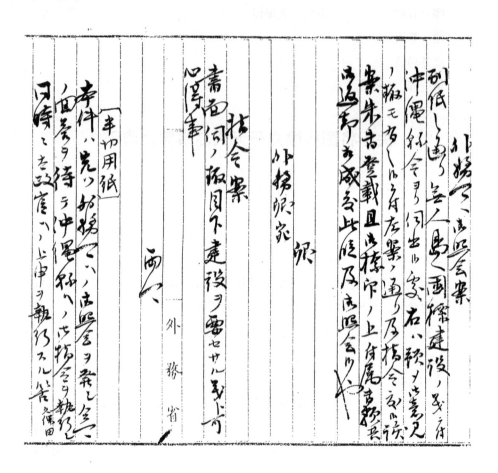

【原样】

外務卿へ御照会案

　　別紙之通リ無人島へ國標建設ノ義ニ付沖縄縣令ヨリ伺出候處右ハ預メ御
意見ノ趣モ有之候ニ付左案ノ通リ及指令度候該案朱書登載且御捺印ノ上付属
書類共御返却相成度此段及御照會候也

卿

　　外務卿宛

　　指令案
　　書面伺ノ趣目下建設ヲ要セサル義ト可心得事

両卿

　　〔附条〕
　　本件ハ先ツ外務卿へノ御照会ヲ発シ仝卿ノ回答ヲ待テ沖縄縣へノ御指令
ヲ執行シ同時ニ太政官へノ上申ヲ執行スル筈久保田

【念法】

がいむきょう　ごしょうかいあん
外務卿ヘ御照會案

べっし　のとお　　むじんとう　　こくひょうけんせつ　ぎ　つきおきなわけんれい　　　うかがいでそうろう
別紙之通リ無人島ヘ國標建設ノ義ニ付沖繩縣令ヨリ伺出候

ところみぎ　あらかじ　ごいけん　おもむき　[これあり]そうろう　つきさあん　とお　[しれいにおよび]
處右ハ預メ御意見ノ趣モ有之候ニ付左案ノ通リ及指令

たくそうろうがいあんしゅしょとうさいかつごなついん　うえふぞくしょるいともごへんきゃくあいなりたくこのだん
度候該案朱書登載且御捺印ノ上付屬書類共御返却相成度此段

[ごしょうかいにおよび]そうろうなり
及御照會候也

きょう
卿

がいむきょうあて
外務卿宛

しれいあん
指令案

しょめんうかがい　おもむきもっかけんせつ　よう　ざ　ぎ　[こころうべき]こと
書面伺ノ趣目下建設ヲ要セサル義ト可心得事

りょうきょう
兩卿

〔附条〕

ほんけん　まずがいむきょう　　ごしょうかい　はつ　どうきょう　かいとう　まち　おきなわけん
本件ハ先ツ外務卿ヘノ御照會ヲ發シ仝卿ノ同答ヲ待テ沖繩縣

ごしれい　しっこう
ヘノ御指令ヲ執行シ

どうじ　だじょうかん　じょうしん　しっこう　はずくぼた
同時ニ太政官ヘノ上申ヲ執行スル筈久保田

【日译】

外務卿への御照会案

外務卿御中

　別紙の通り、無人島での国標建設の件につき、沖縄県令より伺がありましたが、これについては元々御意見もあり、左案の通りに指令いたしたいと思います。つきましては、この案に朱書きを行われ、御捺印された上で、附属書類とともにご返却願いたく、ここに御照会申し上げます。

卿

指令案

　書面伺の件につき、目下建設の必要なしと心得ること。

両卿

〔附条〕

　本件はまず外務卿への御照會を発し、外務卿の回答を待ち、沖縄県へのご指令を行い、同時に太政官への上申をも行うはずである。久保田

【中译】

发至外务卿之照会方案

外务卿阁下：

关于按另纸主旨将国标建立于无人岛事宜，冲绳县令已经请示，本省对此原有意见，现拟按以下方案决定批示。烦请批注并加盖公印，随后连同附属文件掷还为荷。特此照会。

卿

批示方案

关于请示事宜，当前以不建立为宜。

两卿

〔附条〕

此事应先以照会发给外务卿，然后俟同卿答复，再向冲绳县发出指示，并应向太政官呈上报告。久保田

关于将所辖标桩建立于久场岛及鱼钓岛事宜

【原档】

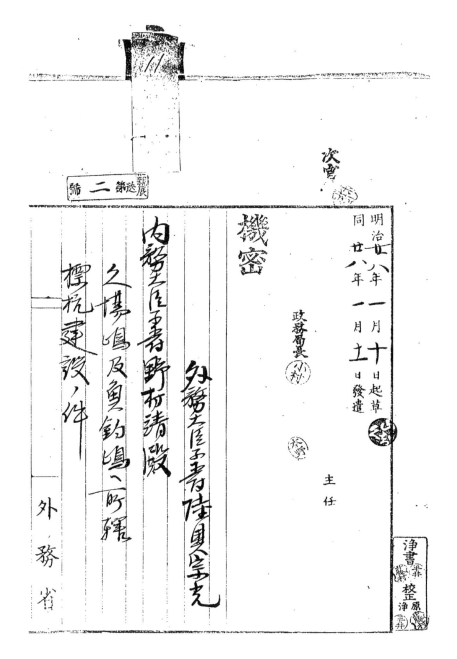

久場嶋及魚釣嶋ニ所轄標杭建設ノ
義ニ付沖縄縣知事ヨリノ上申書及
明治十八年中仝縣ヘ指令案ノ廉
案等十月廿七日付秘別第一三二号ヲ
以テ御照會有之趣了承本件ニ
付本省ニ於テハ別段異議モ之有候見
込ニ付了候得共計御威了之上御依テ
右附属書類御返ニ付及候也

外務省

【原样】

　　明治廿八年一月十日起草
　　明治廿八年一月十一日發遣
　　親展送第二號
　　外務大臣子爵　陸奧宗光
　　内務大臣子爵野村靖殿

久場嶋及魚釣嶋ヘ所轄標杭建設ノ件

　　久場嶋及魚釣島ヘ所轄標杭建設ノ義ニ付沖縄縣知事ヨリノ上申書及明治
十八年中全縣ヘノ指令案相添ヘ客年十二月廿七日附秘別第一三三号ヲ以テ御
照會ノ趣了承本件ニ関シ本省ニ於テハ別段異議無之ニ付御見込ノ通リ御取計
相成可然ト存候依テ右附属書類相添ヘ此段回答申進候也

【念法】

<ruby>明治<rt>めいじ</rt></ruby> <ruby>廿<rt>にじゅう</rt></ruby> <ruby>八年<rt>はちねん</rt></ruby><ruby>一月<rt>いちがつ</rt></ruby><ruby>十日<rt>とおか</rt></ruby> <ruby>起草<rt>きそう</rt></ruby>

明治 廿 八年一月十日起草

明治 廿 八年一月 十 一日發遣

親展送第二號

外務大臣子爵　陸奥宗光

内務大臣子爵 野村 靖 殿

久場嶋及魚釣嶋ヘ所轄標杭建設ノ件

久場嶋 及 魚釣島ヘ所轄 標 杭建設ノ義ニ付沖繩縣知事ヨリノ 上

申書 及 明治十 八年 中 全縣ヘノ指令案相添ヘ客年 十 二月 廿 七

日附秘別第一 三 三號ヲ以テ御 照 會ノ 趣 了 承本件ニ關シ本

省 ニ於テハ別 段異議無 之ニ付御見込ノ 通リ御取 計 相成可 然ト

存　候 依テ右附屬書類相添ヘ此 段回答 申 進　候 也

【日译】

久場島及び魚釣島における所轄標杭建設の件

親展送第2號

内務大臣子爵野村靖殿

　久場島及び魚釣島において、所轄標杭を建設する件につき、沖縄県知事より送られてきた上申書及び明治18年に送った同県への指令案を添付し、昨年12月27日附秘別第133号を用いて、御照會されたこと、了承いたしました。本件に関し、本省では、別段異議はございません。御計画の通りお取り計らわれるのがよろしいのではないかと存じます。ここに、右付属書類を添付し、御回答申し上げます。

　　明治二十八〔1895〕年一月十日起草
　　明治二十八年一月十一日発遣
　　外務大臣子爵　　陸奥宗光

【中译】

关于将所辖标桩建立于久场岛及鱼钓岛事宜

亲拆第2号

内务大臣子爵野村靖阁下：

关于将所辖标桩建立于久场岛及鱼钓岛一事，阁下将由冲绳县知事呈上之请示及明治十八年通知同县之批示，及去年十二月二十七日秘别第133号信等，照会本省，已经获悉。本省对此无异议，贵省可以按其方案进行处理。现附上附属文件，特此答复。

明治二十八年一月十日起草

明治二十八年一月十一日发遣

外务大臣子爵　陆奥宗光

机密受第六九号

【原档】

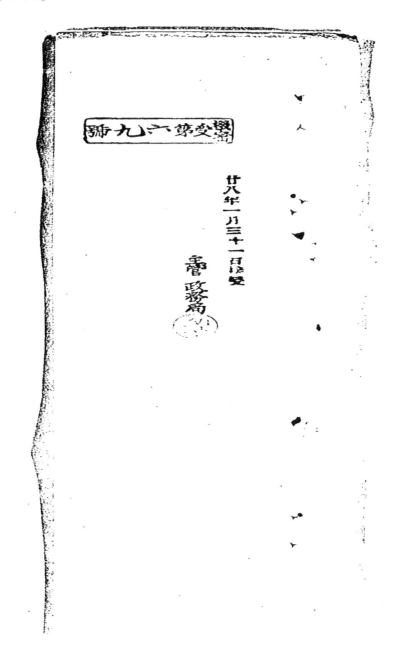

【原样】

〔附条〕

机密受第六九号

二十八年一月三十一日接受

主管政务局

【念法】

〔附条〕

きみつじゅだいろくじゅうきゅうごう
機密受第 六 九 號

にじゅうはちねんいちがつさんじゅういちにちせつじゅ
廿 八年一月三 十 一日接受

しゅかんせいむきょく
主管政務 局

【日译】

〔附条〕

機密受第六九號

廿八年一月三十一日接受

主管政務局

【中译】

〔附条〕
机密受第六九号
二十八年一月三十一日接受
主管政务局

关于将本县所辖标桩建立于久场岛及鱼钓岛事宜

【原档】

【原样】

〔框外右方〕

本書ハ廿八年二月一日内務大臣ヘ返戻ス

〔框内〕

内務省^{廿八年一月交}^{秘別一三三号ノ内}

明治廿八年一月廿二日　主査府縣課長　印

縣治局長　印

大臣　印

次官　印

外務大臣

次官　印

政務局長　印

久場島魚釣島ヘ本縣所轄標杭建設ノ件

沖繩縣

右閣議決定済ニ付左案御指揮可相成歟

案

内務省指令　　　　号

沖繩縣

明治廿六年十一月二日付甲才百十一号上申標杭建設ニ関スル件聞届ク

年月日　　両大臣

【念法】

〔框外右方〕

本書ハ 廿 八年二月一日内務大臣へ返戻ス

〔框内〕

内務省 廿八年一月交 秘
別一三三號ノ内

明治 廿 八年一月 廿 二日　　主査府縣課長　印

縣治局長　印

大臣　印

次官　印

外務大臣

次官　印

政務局長　印

久場島魚釣島へ本縣所轄標杭建設ノ件

沖繩縣

右閣議決定濟ニ付左案御指揮可相成歟

<ruby>案<rt>あん</rt></ruby>

<ruby>内務省指令<rt>ないむしょうしれい</rt></ruby>　　　<ruby>号<rt>ごう</rt></ruby>

<ruby>沖繩縣<rt>おきなわけん</rt></ruby>

<ruby>明治廿六年十一月二日付甲第百十一號上申標杭建設<rt>めいじにじゅうろくねんじゅういちがつふつかづけこうだいひゃくじゅういちごうじょうしんひょうこうけんせつ</rt></ruby>ニ

<ruby>關<rt>かん</rt></ruby>スル件<ruby>聞届<rt>けんききとど</rt></ruby>ク

<ruby>年月日<rt>ねんがっぴ</rt></ruby>　　<ruby>兩大臣<rt>りょうだいじん</rt></ruby>

【日译】

内务省^{28年1月交秘}
^{别133号の内}

明治28年1月22日　　主査府県課長　印

県治局長　印

大臣　印

次官　印

外務大臣

次官　印

政務局長　印

久場島魚釣島における本県所轄標杭建設の件

沖縄県御中

本件、閣議にて決定済みのため、左案につき指示を出すべきでしょうか。

案

内務省指令　　　　号

沖縄県御中

明治26年11月2日付甲第111号にて上申された標杭建設に関する件、許可する。

年月日

両大臣

【中译】

关于将本县所辖标桩建立于久场岛及鱼钓岛事宜

冲绳县：

关于此事，阁议已得决定，应否对以下方案发出指示？

方案
内务省指示　　　号

冲绳县：
关于建立标桩事宜，以明治二十六年十一月二日甲第111号禀为准，特此批准。

年月日
两大臣

指示原件加盖公章并返还内务省之件

【原档】

本縣所轄標杭建設ノ件

沖繩縣

外務省

右案ノ指揮可致

沖繩縣

號

二月〇日甲第百十一號上申標

件伺届ノ

兩大臣

主査府縣課長

月日

本文括令淨書、調印ノ上
内務省ヘ返付ス
廿八年二月二日

【原样】

〔前页框外下方附条〕

本文指令浄書ヘ調印ノ上内務省ヘ返付ス

廿八年二月二日

【念法】

〔前页框外下方附条〕

ほんぶん し れいじょうしょ　ちょういん　ｕｅないむしょうへへんぷす
本文指令 浄書ヘ 調 印ノ上内務 省 ヘ返付ス

にじゅうはちねん に がつふつか
廿　八年二月二日

【日译】

〔前页框外下方附条〕

本文指令の清書に調印の上、内務省へ返付した。

明治二十八〔1895〕年二月二日

【中译】

〔前页框外下方附条〕

在本文指示原件上盖章并返还内务省。

明治二十八年二月二日

内阁批第16号

【原档】

〔内閣批第二〇号〕

明治廿八年一月十二日　秘別第一三三号

標杭建設ニ関スル件請議ノ通

明治廿八年一月廿一日

内閣総理大臣伯爵伊藤博文

外務省

【原样】

内閣批第一六号

明治廿八年一月十二日秘別第一三三号

標杭建設ニ関スル件請議ノ通

明治二十八年一月廿一日
内閣総理大臣伯爵伊藤博文　印

【念法】

_{ないかく ひ だいじゅうろくごう}
内閣批第一六號

_{めいじ にじゅうはちねんいちがつじゅう に にち ひ べつだいひゃくさんじゅうさんごう}
明治 廿 八年一月 十 二日秘別第一　三　三號

_{ひょうこうけんせつ　かん　　けんせいぎ　とおり}
標　杭建設ニ關スル件請議ノ　通

_{めいじ　にじゅうはちねんいちがつにじゅういちにち}
明治二 十 八年一月 廿 一日

_{ないかくそうりだいじんはくしゃくい とうひろぶみ　いん}
内閣總理大臣伯 爵 伊藤博文　印

【日译】

内閣批第16号

明治28〔1895〕年1月12日秘別第133号

標杭建設に関する件は請求の通りにすること。

明治28年1月21日
内閣総理大臣伯爵伊藤博文　印

【中译】

内阁批第16号

明治二十八年一月十二日秘别第133号

关于建立标桩事宜，应按请求办理。

明治二十八年一月二十一日
内阁总理大臣伯爵伊藤博文 （印章）

关于将所辖标桩建立于久场岛及鱼钓岛事宜之请示

【原档】

外務省

議ノ未建設ヲ要セサル旨據今相成異昔太政

官ニテ内申相成タル處其當時ト今日ト大ニ事

情ヲ異ニ致スニ付標抗建設ノ義ヲ御聞屆ノ

積リヲ以テ左案相伺候、

〔本文奥釣島久場島ニ關スル地理ノ沿革等遂調

査ヲ得共何分其要綱ヲ得ス海軍省水路部ニ

百十号地図ハ八重山島ノ東北方和平山及鈎美島ノ

二島ハ右ニ該當スルモ如シ而ノ同部員ノ口陳ニ依レハ右ニ

島ハ別ニ從来何レノ領土トモ定メラルル趣ニ有之地形上

沖繩群島中ノ一部ト認ムヘキハ当然ノ義ト被考者ノ

閲先以テ本文ノ通取調候〕

【原样】

〔框外上方〕
縣治局秘四九四号
甲
〔框外右方〕
處務局
廿七年十二月十七日交
合秘第八三号
閣議　印
施行一月十二日

参事官
送　十二月十八日
戾　十二月廿四日
仝件
處務
送　十二月十七日
戾　〃

〔框内〕
内務省_{廿七年十二月廿七} 決判十二月廿七日　文書課長　施行十二月廿七日
明治廿七年十二月十五日　主查　府縣課長　印
縣治局長　印
大臣　印
次官　印
参事官　印
處務局長　印

久塲島魚鈎島ヘ所轄標杭建設之義上申

沖繩縣

　本件ニ関シテハ別紙ノ通明治十八年中伺出候得共清國ニ交渉スルヲ以テ
外務省ト御協議ノ末建設ヲ要セサル旨指令相成其旨太政官ニモ内申相成候處
其当時ト今日トハ大ニ事情ヲ異ニ致候ニ付標杭建設ノ義御聞届ノ積リヲ以テ
左案相伺候

　（本文魚釣島久塲島ニ関スル地理ノ沿革等遂調査候得共何分其要綱ヲ得ス
海軍省水路部二百十号地図ノ八重山島ノ東北方和平山及鈎魚島ノ二島ハ右ニ
該当スルモノヽ如シ而シテ同部員ノ口陳ニ依レハ右二島ハ別ニ従来何レノ領
土トモ定マラサル趣ニ有之地形上沖繩群島中ノ一部ト認ムヘキハ当然ノ義ト
被考候間先以テ本文ノ通取調候）

【念法】

〔框外上方〕

縣治局秘 四　　九　　四 號

甲

〔框外右方〕

處務 局

廿　七年 十 二月 十 七日 交

合秘第　八　三 號

閣議　印

施行一月 十 二日

參事官

送　　十 二月 十 八日

戾　　十 二月 廿 四日

仝 件

處務

送　　十 二月 十 七日

戾　　〃

〔框内〕

内務省 廿七年十二月十七日交秘別一 三三號 決

判十二月廿七日 文書課長 施行十二月廿七日

明治廿七年十二月十五日 主査 府縣課長 印

縣治局長 印

大臣 印

次官 印

參事官 印

處務局長 印

久塲島魚鈎島ヘ所轄標杭建設之義上申

沖繩縣

本件ニ關シテハ別紙ノ通 明治十八年中 伺 出候得共清國ニ

交涉スルヲ以テ外務省ト御協議ノ末建設ヲ要セサル旨指令相成其

旨太政官ニモ内申相成候 處其當時ト今日トハ大ニ事情ヲ異ニ

致 候 ニ付標杭建設ノ義御聞届ノ積リヲ以テ左案相伺 候

(本文魚釣島久塲島ニ關スル地理ノ沿革等遂調査候得共何分

其要綱ヲ得ス海軍省水路部二百十號地圖ノ八重山島ノ東北方和平

山 及 鈎 魚島ノ二島ハ右ニ該當スルモノヽ如シ而シテ同部員ノ口陳ニ

依レハ右二島ハ別ニ從 來何レノ 領 土トモ定マラサル 趣 ニ有之地形

上 沖 繩群島 中 ノ一部ト認ムヘキハ當然ノ義ト 被 考 候 間先以

テ本文ノ通 取 調 候 ）

【日译】

久場島・魚釣島に所轄標杭を建設する件に関する上申

　本県については、別紙の通り、明治18年に伺を出しましたが、外務省と御協議の末、清国に関係することを理由に建設を行う必要無しとの指示があり、その旨は太政官にも内申がありました。しかし、当時と今日とでは事情が異なります。そこで、標杭建設の件につき、御許可を得られる見込みで、左案につき伺います。

沖縄県

　(本文において、魚釣島と久場島に関する地理上の沿革などについては、調査を行いましたが、その要綱を何分得たものでありませんでした。海軍省水路部210号地図にある、八重山島東北方の和平山と鈎魚島の二島は、この二島に該当するものと思われます。同部員の口述によりますと、この二島はこれまでどの国の領土とも定められていなかったようで、地形上は沖縄群島の一部分と認めるべきなのは当然のことと考えられますので、まず本文の通り調査いたしました。)

【中译】

关于将所辖标桩建立于久场岛及鱼钓岛事宜之请示

关于此事有明治十八年请示，另纸所附。本县曾与外务省商议，却因事涉清国而决定不要建立，且发出指示，其旨趣亦秘传太政官。然当时与今日情况甚异，关于设立标桩一事，下官谅为此计划能得批准，以下方案是否适当，在此请示。

冲绳县

（虽本文中就鱼钓岛与久场岛之地理沿革等进行调查，却丝毫未得其要领。据海军省水路部210号地图描绘，八重山岛东北方有和平山及钩鱼岛两岛，此两岛似与上述两岛相当。而据同部官员口供，两岛似从未确定属于何国，唯考虑地形上可谓冲绳群岛之一部分，因此暂按本文所述进行调查。）

上呈阁议方案

【原档】

閣議提出案

別紙標杭建設ニ關スル件閣議提出ス

年月日

大臣

總理大臣宛

（別紙）

沖繩縣下八重山群島ノ北西ニ位セル久場島、魚釣島ハ從來無人島ナレ尾近來ニ至テ該島ニ向ヶ漁業等ヲ試ムル者有之ニシカ取締ヲ要スルヲ以テ今縣ノ轄下シ標杭建設度旨同縣知事ヨリ上申ノ通り標杭ヲ建設セシメント欲ス

右閣議ヲ請フ

外務省

【原样】

閣議堤出案

別紙標杭建設ニ関スル件閣議提出ス
　　年月日　　　　　　　　大臣
　　　　　総理大臣宛

（別紙）
　沖繩縣下八重山群島ノ北西ニ位スル久塲島魚鈎島ハ従来無人島ナレトモ
近来ニ至リ該島ヘ向ケ漁業等ヲ試ムル者有之之レガ取締ヲ要スルヲ以テ全縣
ノ所轄トシ標杭建設致度旨同縣知事ヨリ上申ノ通リ標杭ヲ建設セシメントス
　右閣議ヲ請フ

【念法】

閣議提出案
<small>かくぎ ていしゅつあん</small>

<small>べっしひょうこうけんせつ かん けんかくぎ ていしゅつ</small>
別紙 標 杭建設ニ關スル件閣議提 出 ス

<small>ねんがっぴ　　　　だいじん</small>
年 月日　　　　大臣

<small>ないかくそうりだいじんあて</small>
内閣總理大臣宛

<small>べっし</small>
（別紙）

<small>おきなわけんか や え やまぐんとう　ほくせい くらい　く ばじまうおつりじま じゅうらいむじん</small>
沖 繩 縣下八重山群 島ノ北西ニ 位 スル久場島魚釣島ハ 從 來無人

<small>とう　　ど　きんらい いた　がいとう　む　ぎょぎょうなど こころ　もの[これあり]これがとりしまり</small>
島ナレトモ近來ニ至リ該島へ向ケ漁 業 等ヲ試 ムル者有 之之力取 締

<small>よう　　　　もっ どうけん しょかつ　ひょうこうけんせついたしたきむねどうけんち じ　じょうしん</small>
ヲ要スルヲ以テ全縣ノ所轄トシ 標 杭建設 致 度旨同縣知事ヨリ上 申

<small>[これあり]みぎ どうけん しょかつ みとむ　よ じょうしん とお ひょうこう けんせつ</small>
有 之右ハ同縣ノ所轄ト認ムルニ依リ上 申ノ通リ標 杭ヲ建設セシメン

トス

<small>みぎかくぎ　こう</small>
右 閣議ヲ請フ

【日译】

閣議提出案

内閣総理大臣閣下
別紙標杭建設に関する件、閣議に提出する。

年月日
内務大臣

（別紙）

沖縄県下八重山群島の北西に位置する久場島、魚釣島は従来無人島であつたが、最近に至り該島に向かい漁業等を試みる者がおります。これを取締る必要より、同県の所轄として標杭を建設いたしたき旨の上申を同県知事より受け取りました。右は同県の所轄と認められるということで、上申の通り標杭を建設させたいと思います。

右閣議をお願い申し上げます。

【中译】

上呈阁议方案

内阁总理大臣阁下：

关于按另纸内容建立标桩一事，呈上阁议。

年月日

内务大臣

（另纸）

久场岛及鱼钓岛位于冲绳县所辖下八重山群岛西北，两岛迄为无人岛，然近来有在此岛尝试渔业诸类者。据同县知事请示称，欲建立标桩以示为同县所辖，以便监管之。此群岛被认为同县所辖，故可按请示内容建立标桩。

请阁议定夺。

复第153号

【原档】

復号 百五十三号

久場島黄尾嶼釣魚島港湾ノ形状及其他ノ件ニ付秋別

分三罡ニ御照會ノ趣了承致爰然ニ慶議島ハ

去ル十八年中縣属警部等ヲ派出調査セシメ爰以

テ更ニ実地調査ヲ致サルヲ以テ確報及得共

當時出張員ノ調書及回航船長ノ報告

書ハ別紙ノ通リニ有之爰条具字ニ荒墨圖相添

此段及御回答爰也

明治廿七年五月十二日

沖縄県知事　奈良原繁　殿

内務省縣治局長　江木千之　殿

外務省

追テ該島ニ関スル旧記書類及我邦ニ属セシ

証左ノ明文又ハ口碑ノ傳説等モ無之古未

縣下ノ漁夫時々八重山島ヵ支嶋ヘ渡航渡

漁獵ヲ為スニ関係ニ有之ス条卅段中ニ亦爰也

【原样】

〔框外右方〕

^{縣治処秘}オ一二号ノ内

〔框内〕

復第百五十三号

久塲島魚鈎島港湾ノ形状及其他ノ件ニ付秘別オ三四号御照會ノ趣了承致候然ル處該島ハ　去ル十八年中縣属警部等派出踏査セシメ候以来更ニ実地調査致サヽルヲ以テ確報難及候得共当時出張員ノ調書及回航船出雲丸舩長報告書ハ別紙ノ通リニ有之候条其写シ并畧図相添ヘ此段及御回答候也

明治廿七年五月十二日

沖繩縣知事　奈良原繁　印

内務省縣治局長　江木千之殿

追テ該島ニ関スル旧記書類及我邦ニ属セシ証左ノ明文又ハ口碑ノ傳説等モ無之古来縣下ノ漁夫時々八重山島ヨリ該嶋ヘ渡航漁漁猟致シ候関係ノミ有之候条此段申添候也

【念法】

〔框外右方〕

^{けんち}處秘第^{しょひだいじゅうにごう}一二號ノ内^{うち}

〔框内〕

復第百五十三號

久場島魚鈎島港灣ノ形状 及 其他ノ件ニ付秘別第 三 四號
御照會ノ趣 了 承 致 候 然ル處 該島ハ去ル 十 八年中縣屬
警部等派 出 踏査セシメ 候 以來更ニ實地 調 査致サヽルヲ以テ確報
難 及 候 得共當時出 張員ノ調書 及 同航船出雲丸舩 長 報告書
ハ別紙ノ通リニ有之 候 條其寫シ 并 署圖相添へ此段及御同答
候 也

明治廿七年五月十二日

沖繩縣知事 奈良原繁 印

内務省縣治局長 江木千之殿

追テ該島ニ關スル 舊 記書類 及 我邦ニ屬セシ 証 左ノ明文又ハ口
碑ノ傳説等モ無 之古來縣下ノ漁夫時 々八重山 島 ヨリ該嶋へ渡航漁漁
獵 致シ 候 關係ノミ有之 候 條此段申添 候 也

【日译】

〔框外右方〕

_{県治}_{処秘}第12号ノ内

〔框内〕

復第153号

内務省県治局長　江木千之殿

久場島と魚釣島の港湾の形状その他の件につき、秘別第34号の御照会の内容を承知いたしました。該島はさる明治18年に、県所属警部らを踏査のために派出しましたが、それ以来、実地調査をもう行っていないため、確報とはなりがたいですが、当時の出張員の調書や回航船出雲丸船長の報告書は別紙の通りでございますので、その写しと略図を合わせて、今回御回答をいたしました。

明治二十七年五月十二日

沖縄県知事　奈良原繁　印

追伸：該島に関する旧記書類及び我が国に属した証拠となる明文または口承の伝説なども無く、古来県下の漁夫がときどき八重山島より該島に渡航して漁業を行う関係のみ存在しますこと、ここで申し添えておきます。

【中译】

〔框外右方〕

县治处秘第12号之内

〔框内〕

复第153号

内务省县治局长江木千之阁下：

关于久场岛及鱼钓岛港湾形状及其他事情，《秘别第34号》照会内容已经获悉。该岛在明治十八年中派出本县所辖警部等从事踏查，因后来再未实施实地调查，不敢确报。今将当时出差官员调查报告及回航船出云丸号船长报告附于另纸中，连同其抄件与略图，特此答复。

明治二十七年五月十二日

冲绳县知事奈良原繁　（印章）

追述报告，没有关乎该岛之旧记文件、及属于我国之明文证据及口称传说。古来仅有县下渔夫乃有时自八重山岛航行至该岛从事渔业而已，在此附报。

关于在久场岛、鱼钓岛建立所辖标桩的呈文及照会方案

【原档】

甲

甲六九号

内務省　廿九年十一月廿二日裁決　秘別第三四号ノ判　四月廿一日之属課長　施行四月廿一日

明治廿七年四月十四日　主査　府縣課長下

大臣下

次官下

参事官下

縣治局長下

久場島、魚釣島ニ所轄標杭建設
ノ義ニ付上申

沖繩縣

右案ニ應照會可然哉仰裁

追テ本件ハ別紙ノ通リ明治十八年中伺出テ

得共清国ニ交渉スルヲ以テ外務省ト御協議

外務省

外務省

ノ末建設ノ要セサル旨、皆令相成係セラ太、政
官ニモ内申相成爰々件ニ有之爰

照會案

客年十月二日附ヲ以テ久場島、奥釣島ヘ所轄
標杭建設ノ義上申相成爰々處、左ノ件承知致度

一　該島港湾ノ形状

一　物産及土地開拓見込ノ有無

一　旧記口碑等ニ就キ我國ニ属セシ証左貝、地官
　　古嶼八重山嶌等トノ従来ノ関係

右及照會爰也

年月日
　　　縣治局長
　　　沖繩縣知事

【原样】

〔框外上方〕
甲
〔框外右方〕
甲六九号
〔框内〕
内務省（廿六年十一月受 秘別第三四号）　決判　四月廿一日文書課長　施行　四月廿一日
明治廿七年四月十四日　主査　府縣課長　印
縣治局長　印
大臣　印
次官　印
参事官　印

久塲島、魚釣島ヘ所轄標杭建設ノ義ニ付上申

沖繩縣

右案一應照會可然欤仰裁
　追テ本件ハ別紙ノ通リ明治十八年中伺出候得共清国ニ交渉スルヲ以テ外務省ト御協議ノ末建設ヲ要セサル旨指令相成併セテ太政官ニモ内申相成候件ニ有之候

照會案

　客年十一月二日付ヲ以テ久塲島、魚釣島ヘ所轄標杭建設ノ義上申相成候處左ノ件承知致度
　一該島港湾ノ形状
　一物産及土地開拓見込ノ有無
　一旧記口碑等ニ就キ我国ニ属セシ証左其他宮古嶋八重山島等トノ従来ノ

関係

　　右及照合候也

　　　　　　　　　　　　　年月日　　　　　　　　　　　　　　縣治局長

　　　　　　　　　　　　　　　　　　　　　　　　　　　　沖繩縣知事

　　　　　　　　　　　　　　　　　　　　　　　　　　　　　　親展

【念法】

〔框外上方〕

こう
甲

〔框外右方〕

こうろくじゅうきゅうごう
甲　六　九　號

〔框内〕

ない む しょうにじゅうろくねんじゅういちがつうけ ひ べつだいさんじゅうよんごう　けっぱん　し がつにじゅう
内務省　廿六年十一月受秘別第　三　四號　決判　四月　廿

いちにちぶんしょ か ちょう　し こう　し がつにじゅういちにち
一日文書課長　施行　四月　廿一日

めいじ にじゅうしちねんし がつじゅうよっか　しゅさ　ふ けん か ちょう　いん
明治廿七年四月十四日　主査　府縣課長　印

けん ち きょくちょう　いん
縣治局長　印

だいじん　いん
大臣　印

じ かん　いん
次官　印

さん じ かん　いん
參事官　印

く ば じま　うおつりじま　しょ かつ ひょうこう けんせつ　ぎ　つき じょうしん
久塲島、魚釣島ヘ所轄標杭建設ノ義ニ付上申

おきなわけん
沖繩縣

う あんいちおうしょうかい[しかるべき] や ぎょうさい
右案一應照會可然歟仰裁

追テ本件ハ別紙ノ通リ明治十八年中 伺 出候得共清國ニ交

渉 スルヲ以テ外務省ト御協議ノ末建設ヲ要セサル旨指令相成併セ

テ太政官ニモ内申相成 候 件ニ有之 候

照會案

客年十一月二日付ヲ以テ久場島、魚釣島ヘ所轄標杭建設ノ義

上申相成候 處左ノ件承知致度

一該島港灣ノ形状

一物産及土地開拓見込ノ有無

一舊記口碑等ニ就キ我國ニ屬セシ證左其他宮古嶋八重山島

等トノ從來ノ關係

右及照合候也

年月日   縣治局 長

                                    沖繩縣知事

                                    親展

【日译】

〔框外上方〕

甲

〔框外右方〕

甲69号

〔框内〕

内務省 二十六年十一月 受領秘別第34号　　決判　四月二十一日文書課長　施行　四月二十一日

明治二十七年四月十四日　主査　府県課長　印

県治局長　印

大臣　印

次官　印

参事官　印

久場島、魚釣島において所轄の標杭を建設する件に関する上申

内務省御中

右案につき念の為に照会すべきか決裁を仰ぎます。

沖縄県

　追伸：本県については、別紙の通り、明治18年に伺を出しましたが、外務省と御協議の末、清国に関係することを理由に建設を行う必要無しとの指示があり、その旨は太政官にも内申がありました。

照会案

親展

県治局長閣下

　昨年十一月二日付で久場島、魚釣島に所轄標杭を建設する件につき上申しました。そこで、左件につき承知させていただきたく思います。

　　一該島港湾の形状

　　一物産及び土地開拓の見込みの有無

　　一旧記口碑等につき、我国に属した証拠その他宮古島・八重山島等との従来からの関係

　　右照合します。

　　　　　　　　　　　　　　　　　　　　　　　　　　　　年月日

　　　　　　　　　　　　　　　　　　　　　　　　　　　　沖縄県知事

【中译】

〔框外上方〕

甲

〔框外右方〕

甲69号

〔框内〕

内务省 二十六年十一月 受领秘别第34号　　定夺　四月二十一日文书课长　施行　四月二十一日

明治二十七年四月十四日　主查　府县课长　（印章）

县治局长　（印章）

大臣　（印章）

次官　（印章）

参事官　（印章）

关于在久场岛、鱼钓岛建立所辖标桩的呈文

内务省：

此案应否照会，烦请定夺。

冲绳县

再启，关于此事有明治十八年请示，另纸附列，与外务省商议，却因事涉清国而决定不要建立，且发出指示，其旨趣亦秘传太政官。

照会方案

亲拆

县治局长阁下：

去年十一月二日，关于将所辖标桩建立于久场岛及鱼钓岛，下官已经请示。故欲知下述事情如何。

一为该岛港湾之形状

一为物产及土地开发之可能性

一为在旧记口碑中，该岛属于我国之证据及其他与宫古岛及八重山岛等之历来关系

以便对比参照。

年月日

冲绳县知事

右ノ外附属別紙書類、

一、明治十六年十一月甲第二二号 沖縄県知事ヨリ内務卿ヘ伺以後内務両大臣宛

一、内務大臣ヨリ外務大臣ヘ一照會案

一、明治十八年十月四日 石訳沖縄県属及森沖縄県大書記官ヘ、久釣

　　島外二島巡視取調概畧報告書

一、明治十八年十月二十日 林世忠艦船長ヨリ沖縄県大書記

　　官ヘ 久鉤及揚久米赤嶋両嶋取航報告書

一、明治十八年一月六日 親像送第二号 外務大臣ヨリ内務大臣宛

一、別訳（咨議提出案

一、明治十八年十一月五日 沖縄県令ヨリ内務卿宛第三八四号

一、明治二十三年一月十三日 沖縄県知事ヨリ内務大臣宛内務第一号

一、明治二十三年二月七日末稅県訳局長ヨリ沖縄県知事次第八六号

一、昭和廿三年二月七日末稅県訳局長ヨリ沖縄県知事次回長宛

一、昭和廿三年二月十七日 内務局長ヨリ沖縄県知事宛

別

務

省

外務省

一、明治十八年十月九日内務省ヨリ内務省ヘ照会案

一、明治十八年九月二十二日沖縄県令ヨリ内務卿久米赤嶋ノ

二嶋取調ノ筈ヲ上申セル

一、明治十八年九月三十日石沢沖縄県属ヨリ沖縄県令ヘ

久米赤嶋久場嶋魚釣嶋ノ三嶋取調書

本務取調ノ政庇ノ上申案

一、明治十八年十月外務卿ヨリ内務卿ヘ照会案

一、明治十八年十一月廿四日沖縄県令ヨリ外務内務両県ヘ

一、明治十八年十二月廿八日外務省廻議案

后 记

在译著即将出版之际，心中感慨万端。作为历史研究者，能够在国家民族需要的时候，奉献自己的心力，倍感幸福与愉悦！

对钓鱼岛的关注与研究，起始于朋友所赠之几个版本的《浮生六记》。此后以"琉球处分与出兵台湾"为题，申请到中国社会科学院院重点科研项目。后经我的导师张海鹏研究员及近代史研究所副所长汪朝光研究员的介绍，我与中国边疆史地研究中心的李国强研究员共同进行钓鱼岛相关课题的研究。

对日本窃取中国领土钓鱼岛的史实，曾经有文章简单论述过，但所使用资料全部来自《日本外交文书》。偶然的机会，笔者发现其相关毛笔书写之原始档案。这部分原始档案，除《日本外交文书》所收录的内容外，其中之"踏查"、"回航报告"及"矿产资源"等方面的资料，"外交文书"中并未收录到。细读这部分原始档案，发现日本从1885年就开始第一次窥视钓鱼岛。1890年又第二次提出建立"国标案"。1893年第三次提出，后在中日甲午海战胜利，《马关条约》签订前的1895年1月，才窃取了中国的钓鱼岛，故可反证历史上钓鱼岛不属于"琉球"。另外，笔者还发现一个秘密，即是日本为混淆视听，有意在文件中，将最为重要的"钓鱼岛"篡改为"久米赤岛"，以蒙蔽内外，其手段极为隐蔽及卑劣。这使笔者意识到"外交文书"所收录之相关资料，已是经过加工整理的第二手资料，要想真实地反映日本窃取中国领土钓鱼岛的历史事实，翻译这部分原始档案资料极为重要。

本译著的翻译工作，得到我的学弟羽根次郎的大力协助。羽根毕业于日本一桥大学，后到天津南开大学留学，目前在中国社会科学院近代史研究所进行

博士后研究。他为人正直善良，在其硕士论文与博士论文中，对日本政府蚕食台湾的企图进行了分析。最近钓鱼岛问题发生后，又在岩波书店杂志《世界》上发表《尖阁问题内在法理的矛盾》，来批评日本对钓鱼岛的主权主张及做法。在著作付梓之际，首先感谢羽根学弟在翻译工作上给予的大力支持。

其次要特别感谢中国社会科学院中国边疆史地研究中心的李国强研究员。他不仅在中国海疆历史学术领域，而且在东海划界、钓鱼岛问题、南海问题等多个现状研究上取得丰硕成果，为中国海疆理论体系的建构，为持续深化和推进中国海洋权益的历史研究贡献良多。我从去年开始有幸与他一起进行钓鱼岛相关课题研究。在研究过程中，得到他的很多关照与支持，特别是在著作出版过程中，帮助联系出版社，更在百忙中抽出时间为本书撰写序文。

还要感谢社科文献出版社的徐思彦编辑及本书的责任编辑王晓鹏在本译作出版过程中给予的关照！特别是王晓鹏编辑，在几次校样稿中都那么认真负责地进行编校，非常辛苦！

最后感谢我的家人！感谢生养我的父母！愿天堂的母亲因我而自豪！

李　理

2012年10月25日于军都山麓自宅中

图书在版编目（CIP）数据

近代日本对钓鱼岛的非法调查及窃取/李理译著.
—北京：社会科学文献出版社，2013.6（2015.6 重印）
ISBN 978 - 7 - 5097 - 4730 - 8

Ⅰ.①近…　Ⅱ.①李…　Ⅲ.①钓鱼岛问题 - 史料 - 近代
Ⅳ.①D823

中国版本图书馆 CIP 数据核字（2013）第 126150 号

近代日本对钓鱼岛的非法调查及窃取

译 著 者 / 李　理

出 版 人 / 谢寿光
项目统筹 / 徐思彦
责任编辑 / 王晓鹏　胡　亮

出　　版 / 社会科学文献出版社 · 近代史编辑室（010）59367256
　　　　　　地址：北京市北三环中路甲 29 号院华龙大厦　邮编：100029
　　　　　　网址：www.ssap.com.cn
发　　行 / 市场营销中心（010）59367081　59367090
　　　　　　读者服务中心（010）59367028
印　　装 / 北京京华虎彩印刷有限公司

规　　格 / 开 本：787mm × 1092mm　1/16
　　　　　　印 张：21.25　字 数：335 千字
版　　次 / 2013 年 6 月第 1 版　2015 年 6 月第 2 次印刷
书　　号 / ISBN 978 - 7 - 5097 - 4730 - 8
定　　价 / 79.00 元